AF185457

Texte . Medien

W OLFRAM E ICKE

Bei uns
im Affenstall

Schroedel
westermann

Texte . Medien

»Bei uns im Affenstall« von Wolfram Eicke

Herausgegeben von Ingrid Hintz

Materialteil erarbeitet von Angelika Schefzyk

Das Texte . Medien –Programm zu »Bei uns im Affenstall«:
978-3-507-47094-1 Textausgabe mit Materialien
978-3-507-47394-2 Lesetagebuch
978-3-507-47294-5 Informationen für Lehrerinnen und Lehrer

westermann GRUPPE

© 2008 Bildungshaus Schulbuchverlage
Westermann Schroedel Diesterweg Schöningh Winklers GmbH
Braunschweig, www.westermann.de

Das Werk und seine Teile sind urheberrechtlich geschützt. Jede Nutzung in anderen als den gesetzlich zugelassenen bzw. vertraglich zugestandenen Fällen bedarf der vorherigen schriftlichen Einwilligung des Verlages. Nähere Informationen zur vertraglich gestatteten Anzahl von Kopien finden Sie auf www.schulbuchkopie.de.

Für Verweise (Links) auf Internet-Adressen gilt folgender Haftungshinweis: Trotz sorgfältiger inhaltlicher Kontrolle wird die Haftung für die Inhalte der externen Seiten ausgeschlossen. Für den Inhalt dieser externen Seiten sind ausschließlich deren Betreiber verantwortlich. Sollten Sie daher auf kostenpflichtige, illegale oder anstößige Inhalte treffen, so bedauern wir dies ausdrücklich und bitten Sie, uns umgehend per E-Mail davon in Kenntnis zu setzen, damit beim Nachdruck der Verweis gelöscht wird.

Druck A^6 / Jahr 2021
Alle Drucke der Serie A sind im Unterricht parallel verwendbar.

Redaktion: Barbara Holzwarth, München
Herstellung: Andreas Losse
Illustrationen (Umschlag und Innenteil): Pe Grigo, Bielefeld
Umschlaggestaltung und Layout: JanssenKahlert Design, Hannover
Satz: Bock Mediengestaltung, Hannover
Druck und Bindung: Westermann Druck Zwickau GmbH

ISBN 978-3-507-**47094**-1

INHALT

WOLFRAM EICKE
Bei uns im Affenstall

Materialien

Zu diesem Buch

Dieses Buch handelt von Alex, dessen Vater die Familie verlassen hat und der nun allein mit seiner Mutter in einer riesigen Altbauwohnung lebt. Da das Geld knapp wird, lassen sich die beiden etwas einfallen: Sie eröffnen eine Pension. Bald schon gehen dort ganz unterschiedliche Gäste ein und aus. Und manchmal geht es zu wie im Affenstall ...

Es gibt viele Jugendliche, die gern Bücher lesen. Das ist erfreulich, denn wer liest, nimmt teil an den Lebensgeschichten, Erlebnissen, Problemen, Gedanken und Gefühlen der Buchfiguren. Deshalb sagt man: Wer liest, lebt doppelt.

Die Bücher der Reihe **Texte.Medien** wollen zum Lesen motivieren – im Unterricht in der Schule, aber auch zu Hause in der Freizeit. Sie wollen die Freude am Lesen steigern und „Lust auf mehr Bücher" machen.

Zu jedem Buch gibt es ein **Lesetagebuch**, das dabei helfen soll, sich selbstständig - individuell und gemeinsam mit anderen, die ebenfalls dieses Buch lesen – mit dem Inhalt und den Personen auseinanderzusetzen.

Viel Freude beim Lesen des Buches!

Für Philipp

WOLFRAM EICKE

Bei uns im Affenstall

1

„Heimann", sage ich.

„Alex, bist du das selbst?"

Blaschke, unser Direktor! Und ich hab mich mit meinem Namen gemeldet! Jetzt kann ich nicht mehr einfach sagen „falsch verbunden" und das Telefon bis zum Abend verstecken.

„Ich hätte gern deine Mutter gesprochen", dröhnt mir die Stimme ins Ohr, „du weißt schon, warum!"

Mutter übt im Wohnzimmer auf der afrikanischen Trommel. Ich husche mit dem Telefon durch den langen Flur und in mein Zimmer. „Nein, ich weiß nicht, worum es geht – meine Mutter ist nicht da." Leise drücke ich die Tür hinter mir zu.

„So? Du weißt nicht, worum es geht? Dann werde ich es dir sagen!" Seine Stimme wird scharf: „Durch den Stromausfall, den du heute in der Klasse veranstaltet hast, sind zwei von den Computern regelrecht zerstört worden. Nicht mehr zu retten. Und du weißt natürlich von nichts!"

Jemand musste gepetzt haben. Dabei hatte die ganze Klasse ihren Spaß: Plötzlich waren alle Bildschirme dunkel. Lernprogramm abgestürzt, in allen Arbeitsgruppen in der ganzen Klasse. Warum?

Ich hatte meinen Killer in die Steckdose gesteckt.

Das ist nur ein alter Stecker. Wenn man die beiden Pole zusammenlötet und den Stecker dann in die Steckdose steckt – paff! gibt es einen Kurzschluss.

Und solange der Killer steckt, nützt alles Fummeln am Sicherungskasten nichts.

Leugnen hatte keinen Zweck. Aber Mutter sollte es nicht von Blaschke erfahren.

„Ich richte aus, dass Sie angerufen haben", sagte ich. „Kann meine Mutter sich bei Ihnen melden? Sie ist in zwei bis drei Stunden zurück."

Er stutzte kurz. „Nein", sagte er bestimmt, „ich rufe selbst nochmal an."

Ich musste meine Mutter schonend vorbereiten.

Sie unterbrach ihr Trommeln, als ich ins Wohnzimmer kam.

„Das klang gut eben", log ich. Sie trommelte noch sehr holperig. Sie versuchte es erst seit zwei Tagen. Frau Görgens von gegenüber wollte die Trommel verkaufen und hatte sie meiner Mutter geliehen.

„Irgendwas mache ich noch falsch. Mir tun so schnell die Hände weh." Sie stellte die Trommel neben ihren Sessel. „Zweihundert sind sowieso zu viel dafür."

Ich ließ mich in den roten Sessel plumpsen. „Gestern hab ich mal wieder experimentiert." Meine Stimme klang rau. Ich räusperte mich. „Mit dem Elektrobaukasten."

„Den Bernd dir geschenkt hat?"
Ich nickte.

„Das finde ich toll. Endlich mal was anderes als immer nur diese Computerspiele."

Ich blätterte kurz in der Fernsehzeitung, legte sie aber wieder beiseite. „Ich hab da ein Experiment gemacht. Wie man eine starke Gegenkraft erzeugt, indem man Plus und Minus zusammenbringt. Heute Morgen hab ich's in der Schule gezeigt, und es hat funktioniert."

Noch immer ahnungslos, lächelte Mutter mich an und zupfte überm Ohr an ihrer Frisur. „Da bist du fleißig gewesen", war ihr Kommentar.

„Nun, äh … Leider sind dabei die Computer abgestürzt. Das wollte ich nicht, ehrlich – es ist einfach passiert. Die elektrische Kraft war zu stark."

„Oh! War dein Lehrer sauer auf dich?"

„Wir haben in der Schule noch diese Steinzeit-Computer, die halten nichts aus. Der alte Schrott kippt sofort weg. Die Lehrer sagen ja auch, dass wir dringend neue Computer brauchen."

„Ja, weiß ich, vom Elternabend. Dabei heißt es doch, die Gesamtschulen sind so gut ausgerüstet."

„Sind wir eigentlich versichert?"

„Versichert?" Sie riss die Augen auf. Allmählich dämmerte ihr, was ich da erzählte. „Alex! Sag, dass es nicht wahr ist!"

„Herr Blaschke ruft dich heute Abend an."

„Unsere Haftpflichtversicherung", sagte meine Mutter leise, „läuft immer noch auf Papas Namen. Sie gilt für ihn, unten in Frankfurt, aber sie gilt nicht für uns. Und ich hab noch nicht den Nerv gehabt, eine neue abzuschließen."

Haftpflichtversicherung
Versicherung, die für Schäden aufkommt, die man ohne Absicht bei anderen verursacht hat

Sie sagte nichts mehr von der Frau, mit der mein Vater zusammenlebte. Es gab nur eine Möglichkeit, um sie wieder froh zu machen. Ich stand auf, setzte mich auf die Lehne ihres Sessels und kuschelte mich an ihre Schulter. „Ich hab's wirklich nicht böse gemeint."

Sie presste mich mit beiden Armen an sich. „Jetzt hab ich fünf Männer gehabt, vier sind verschwunden und übrig geblieben ist ein Steckdosenpirat."

2

Manchmal stöbere ich ganz gern in den verlassenen Zimmern. Dabei hab ich schon alte Zeitschriften gefunden, eine Taschenlampe und sogar ein paar dicke Silvester-Böller.

In Svens Zimmer ist vor dem Fenster eine Plattform aus Eisen. Von dort führt eine Feuertreppe runter in den kleinen Garten. Eine Hälfte gehört Meiers von unten, die andere Hälfte gehört uns. Ein ängstlicher Vorbesitzer hatte die Treppe vor vielen Jahren bauen lassen.

Jetzt hockte auf der Plattform dieser riesige, schwarze Kater. Mit weißen Vorderpfoten. Ein unglaublich dicker Kater. Saß da und guckte mich an.

„Na, wo kommst du denn her?" Seine Augen sahen freundlich aus. Vorsichtig kletterte ich über die Fensterbank und setzte mich neben ihn.

Er ließ sich von mir kraulen und schnurrte. Als hätte er lange darauf gewartet, dass ihn mal jemand streichelte.

Ich hatte mir immer einen Hund gewünscht, aber die Meiers unter uns hätten das nie erlaubt.

Ich lehnte mich zurück, fühlte das weiche, warme Fell und schloss die Augen. Unten im Garten zwitscherten die Vögel. Es gibt so viele Meisen bei uns, dass sie sogar den Feierabendverkehr übertönen, der hinter unserem Haus vorbeibrummt.

„Alex?", rief Mutter ins Zimmer hinein. Sie kam ans Fenster und sah mich mit dem dicken Kater.

„Oh Gott!" Sie schlug sich kurz die Hand vor den
Mund und prustete: „Hast du den ollen Herrn Schröder in eine Katze verwandelt?"

Ich musste kichern. Der olle Herr Schröder, ein
Freund meiner Eltern, war ungewöhnlich groß und ₅
dick. Wenn er saß, rutschte er ganz nach vorn auf die
Stuhlkante, die Beine abgeknickt nach unten, damit er
sich den Bauch nicht einklemmte. Der Kater sah ihm
wirklich ähnlich.

Am nächsten Morgen saß er noch immer da. Oder ₁₀
schon wieder.

„Der muss doch jemandem gehören!", sagte meine
Mutter.

Abends stellten wir ihm trotzdem was zu fressen
und zu trinken hin. Er verputzte alles, wischte sich ₁₅
mit beiden Pfoten die Schnauze ab, rollte sich zusammen und schlief ein.

Als er am nächsten und übernächsten Tag wieder
auf der Plattform saß, rief meine Mutter die Zeitung
an. Im Lokalteil stand am nächsten Tag: „Wer vermisst ₂₀
einen sehr großen schwarzen Kater? Bitte melden bei
Familie Heimann in der Sievekingsallee …"

Es meldete sich niemand.

Am Mittwochabend regnete es. Dicke Tropfen
platschten gegen das Wohnzimmerfenster.   ₂₅

„Sitzt Herr Schröder wieder draußen?", fragte
Mutter.

Ich schaute nach. Da war er.

Meine Mutter seufzte. „Lass ihn rein."

Sie hatte Schmetterlingsnudeln mit Hackfleisch gekocht. „Ob Herr Schröder so was mag?"

„Setzen wir uns zu ihm und essen auf dem Fußboden", schlug ich vor.

Meine Mutter lachte. Sie füllte zwei Teller für uns und eine Schüssel für Herrn Schröder.

Im Schneidersitz setzten wir uns auf den Teppich, den Teller im Schoß, und aßen mit den Fingern. Herr Schröder schnupperte an der Schüssel und schien sich zu freuen. Es sah aus, als ob er schmunzelte. Seitdem wohnt er bei uns. Ein Gast aus einer fremden Welt. Wir erfuhren nie, woher er kam, und er hat uns nie wieder verlassen.

Die Plattform auf der Eisentreppe ist immer noch sein Lieblingsplatz. Ich setze mich gerne neben ihn und kraule sein Fell.

„Herr Schröder, was würdest du machen, wenn du erfährst, dass dich jemand verpetzt hat?"

Der dicke Kater dreht den Kopf und guckt, als wollte er nachfragen, wovon ich spreche.

„Die Sache mit dem Kurzschluss in der Schule. Die Petze war Falko. Das hatt' ich schon geahnt."

Herr Schröder ist empört. Er lässt ein Knurren hören.

„Richtig kaputt waren die Computer gar nicht. Ein paar Programme mussten neu installiert werden. Und das soll Mama bezahlen."

Herr Schröder gähnt. Als sei es für ihn keine Überraschung, dass es in der Welt ungerecht zugeht.

„Eigentlich könnten wir genug Geld haben: Wenn Mama die Wohnung verkauft. Aber das will sie nicht. Ist doch verückt, oder? Was sollen wir beide allein mit so 'ner Riesenwohnung? Wenn du willst, Fettmops, kannst du vier Zimmer nur für dich haben ...“   5

Herr Schröder nimmt es mir nicht übel, wenn ich ihn Fettmops nenne.

Im Hintergrund rauschte der Verkehr, die Meisen zwitscherten und es war gut, dass jemand mir zuhörte.

Letztes Jahr hat sich unsere Familie einfach aufge- 10 löst. Ich war damals elf.

Christoph und Martin, die Zwillinge, verließen die Stadt nach dem Abitur. Das war lange geplant. Doch dann kam ein Donnerschlag ohne Vorwarnung: Papa wollte sich plötzlich von Mama scheiden lassen und 15 mit einer neuen Frau in Frankfurt leben. Es gab viel Streit und Mama hat jeden Tag geweint. Oft ging es auch um Geld. Was Geld angeht, ist mein Vater sehr genau. Er arbeitet in einer Bank.

Sven zog mit ihm aus. Sven wollte unbedingt bei 20 unserem Vater bleiben. Mit Mama hatte er sich immer gestritten. Sven war fünfzehn.

Von einem Tag zum anderen schienen die Wände in unserer Altbauwohnung sich gleichzeitig in die Höhe und Breite zu dehnen und zu strecken. Sieben 25 Zimmer haben wir. Sieben große Zimmer, dazu den langen Flur, die Küche und zwei Badezimmer – und das alles nur für meine Mutter und mich. Meine kleine, zierliche Mama. Sie ist kaum größer als ich.

Sie brachte es nicht fertig, etwas in der Wohnung zu verändern.

Schlimm fand ich die Essecke. Hinten im Wohnzimmer, wo es zur Küche geht, starrten mich der große, lange Tisch und die sechs Stühle an, von denen vier immer leer blieben.

Ich wollte diese leeren Stühle nicht sehen, aber sie blieben, und auf ihnen sah ich meinen Vater und meine Brüder wie Geister.

Falko ist ein Widerling. Neulich hat er zu mir gesagt: „Na – kriechst jetzt du immer zu deiner Mutter ins Bett, wo der Alte abgehauen ist?"

Diese Petze! Vor meinem inneren Auge sah ich Falko in einem Netz zappeln, das ich in den Fluss tunkte. Oder ihn mit Elektroschocks traktieren! Vielleicht sollte ich mir eine gebrauchte Autobatterie besorgen, die liefert richtig knackigen Strom.

traktieren *quälen, bearbeiten*

3

Abends klingelte Bernd bei uns. Er ist der Bruder meiner Mutter, aber ich sag nie „Onkel" zu ihm. Bernd lebt allein, und Mutter lädt ihn manchmal zum Essen ein. Für heute hatte er sich wieder angemeldet.

Ich wollte ihn anschmieren.

Aus Svens Zimmer hatte ich mir die Krücken geholt, die Sven damals nach seinem Beinbruch gebraucht hatte. Damit humpelte ich zur Tür.

„Oh!", sagte Bernd „Bist du verletzt?"

Ich wollte gerade loslegen mit einer haarsträubenden Unfallgeschichte, doch das Wort blieb mir im Hals stecken.

Bernd war nicht allein. Neben ihm stand ein schmuddeliger junger Mann mit Hamstergesicht. Fettige Haare. Kaputte Schuhe. Fleckige Jeans. Sein Gesicht war so verquollen und aufgeschwemmt, dass die kleinen Augen fast vollständig hinter fleischigen Wülsten verschwanden.

„Das ist Ole", sagte Bernd. Er verbeugte sich mit einer übertriebenen Handbewegung: „Seine königliche Hoheit, der Prinz von Dänemark!"

Typisch Bernd.

Sein Begleiter kicherte. Mir war es peinlich, dass ich ihn so angestarrt hatte, aber Ole machte sich offensichtlich nichts daraus. Grinsend stapfte er hinter Bernd in unsere Wohnung.

Die Krücken pfefferte ich im Vorbeigehen in Svens Zimmer. „War nur ein Scherz", murmelte ich.

Bernd ist Mamas jüngster Bruder. Früher wollte er mal Lehrer werden, aber das hat nicht geklappt: Prüfung bestanden, dann arbeitslos. Nirgendwo eine Stelle frei. Angeblich gibt es zu viele Lehrer, aber das kann nicht stimmen: An meiner Schule fallen jede Woche Stunden aus. Weil wir zu wenig Lehrer haben, sagen unsere anderen Lehrer. Trotzdem bekam Bernd keinen Job an einer Schule. Stattdessen arbeitet er nun in einer Einrichtung, die sich um schwierige Jugendliche kümmert.

Mir bringt er oft Scherzartikel mit. Er hat einen Freund, der damit handelt. Mal bekomme ich ein Pupskissen, mal eine abgehackte Hand aus Gummi oder ein Kondom, das im Dunkeln leuchtet.

Heute hatte er nur Ole mitgebracht.

„Ole hat Schwierigkeiten zu Hause", erzählte Bernd, als wir mit Mutter um den Couchtisch herum saßen. Ole sagte nichts. Er starrte vor sich hin und kaute an seinen dreckigen Fingernägeln.

Ole war neunzehn Jahre alt, hatte nie regelmäßig eine Schule besucht und keinen Beruf gelernt. Er wohnte bei seiner Mutter, einer Trinkerin. Seine vier Geschwister stammten alle von verschiedenen Vätern. Jetzt hatte die Mutter wieder einen neuen Freund, und der konnte Ole nicht leiden. Er verprügelte Ole regelmäßig und zwang ihn, im Keller zu schlafen.

„Könnte Ole für ein paar Tage bei euch wohnen?" fragte Bernd. „Er soll eine Unterkunft von der Stadt bekommen, aber noch ist kein Platz frei. Und nach Hause kann er unmöglich."

Mutter und ich schauten uns an. Sie rümpfte die Nase und auch ich konnte es riechen: Ole stank fürchterlich.

„Hat der Freund deiner Mutter dir auch verboten, dich zu waschen?"

Ole schüttelte den Kopf. „Hab ich keine Lust zu", sagte er nur.

Mutter gab sich einen Ruck. „Wenn du genug Lust aufbringst, um dich gründlich in der Wanne abzuschrubben, dann kannst du meinetwegen bis nächsten Montag bleiben. In Svens Zimmer."

Das war von allen verlassenen Zimmern noch am vollständigsten eingerichtet. Sven hat für sein Zimmer in Frankfurt neue Möbel bekommen. Pah! Blödes Frankfurz!

Ole ging mit vorsichtigen Schritten ins Zimmer. Er betastete das alte Bett und den kleinen Sessel, als ob es sich um wertvolle Museumsstücke handelte, die man eigentlich nicht anfassen darf.

„Ich stell dir gern auch noch eine Blumenvase rein, wenn du Blumen magst", sagte Mutter.

Ole sah aus, als hätte er sie gar nicht gehört. Wie im Traum starrte er ringsum, mit staunenden Augen. „Für mich allein?", fragte er. „Das ganze Zimmer?"

Mutter nickte. „Bis nächsten Montag."

Ole schlug ihr plötzlich auf die Schulter.

„Ich glaub's nicht!", rief er. „Ich glaub's nicht!"

Er breitete die Arme aus, als wollte er das Zimmer und mich und Bernd und Mutter umarmen. Er lachte.

Ich habe noch keinen Menschen gekannt, der sich so freuen konnte wie Ole. Wegen eines öden Zimmers mit abgenutzten Möbeln! Der ganze schmutzige Kerl leuchtete.

4

Wir haben zwei Badezimmer in der Wohnung. Das eine hatte ich in der letzten Zeit allein benutzt. Nun brachte ich meine Waschsachen ins andere.

Oles alte Klamotten kamen in den Müll.

Meine Mutter gab ihm einen Schlüssel für unsere Wohnung, aber er mochte nicht durchs Treppenhaus gehen. Die Meiers haben ein Guckloch in der Tür und beobachten jeden, der kommt. Ole benutzte lieber die Eisentreppe vor seinem Fenster, und er ließ das Fenster immer offen, damit Herr Schröder rein- und rauskonnte.

Es störte ihn nicht, wenn ich durch sein Zimmer zu Herrn Schröder auf die Plattform ging.

Vom Sperrmüll hatte Ole einen zusammengerollten Teppich geholt, den hängte er an einem Deckenhaken auf. Wie ein Boxer stieß er nun seine Fäuste in den Teppich.

„Bist du stark?", fragte ich ihn.

Ole grinste. „Kommt drauf an."

„Hast du morgen Mittag Zeit?"

Ole nickte. Er war bereit, mir einen Gefallen zu tun, und versprach, dass er pünktlich nach der fünften Stunde vor unserer Schule warten würde.

Er kam.

Ich zeigte ihm, wer Falko war. Ole nickte.

Neben Ole sah Falko plötzlich klein aus. Mit ruhigem Griff packte Ole Falkos linkes Ohr und zog so kräftig daran, dass Falko vor Schmerz aufschrie.

„He! Was soll das! Wer bist du? Was zum Teufel –
aaaarggh!"

Ole ließ das Ohr nicht los. Er zog es nach rechts,
nach oben, nach links. Falkos verzerrtes Gesicht drehte
sich hin und her. „Wenn du Sehnsucht nach mir hast", 5
sagte Ole mit seiner langsamen Art, „dann brauchst
du nur wieder Alex zu verpetzen."

Er riss weiter kraftvoll und ruhig an Falkos Ohr.
„Wer Alex was tut, kriegt sofort Besuch von mir.
Kannst dich drauf freuen." 10

Die nächsten Wochen hatte ich in der Schule
Ruhe.

Jeden Tag schleppte Ole etwas an. Noch einen Teppich vom Sperrmüll. Eine Zange, die er an die Wand
nagelte. Ein Telefon, das er aus einer Mülltonne ge- 15
fischt hatte. Meine Mutter verdrehte die Augen, sagte
aber nichts. Er freute sich an den Dingen und es war ja
nur für kurze Zeit.

„Kennst du Lara Croft?", fragte ich ihn.

„Ist das die aus dem Ballerspiel?" 20

Ich nickte. „Die hat gute Waffen."

Wir spielten regelmäßig am Nachmittag zusammen an der Playstation oder am Computer.

Der nächste Montag ging vorbei und Bernd hatte
immer noch keine neue Unterkunft für Ole gefunden. 25
Niemand wollte ihn haben, niemand fühlte sich zu-
ständig.

Ole blieb.

Er wusch sich nicht.

Sein Zimmer füllte sich mehr und mehr mit Gerümpel.

Meine Mutter sagte: „Die Behörde könnte mir ruhig Essensgeld für ihn geben!"

5 Aber so ein Antrag war umständlich. Formulare, Laufereien zum Amt ...

„Der Aufwand lohnt sich nicht – für die paar Tage, die er noch bleibt", meinte Bernd.

Bei den Mahlzeiten verschlang Ole große Por-
10 tionen.

„Unser Hausschwein" nannten wir ihn. Sogar in seiner Gegenwart am Tisch. Gutmütig lachte er und kaute zufrieden weiter. „Unser Hausschwein", das klang für ihn wohl wie ein Kosewort.

Kosewort
zärtliches Wort, hier: liebevoll gemeinter Name

15 „Auf Dauer geht sein Hunger wirklich ins Geld", sagte Mutter eines Abends, als Bernd uns wieder mal besuchte.

Er hatte mir ein Tischfeuerwerk mitgebracht, das ich mit Ole abbrennen ließ. Knatternd schossen glei-
20 ßende Fontänen und Lichtkugeln über dem Esstisch in die Luft, aber sie verloschen sofort und waren ungefährlich.

„Hast du gehört, was ich gesagt habe?" Meine Mutter beugte sich zu Bernd, der ihr gegenüber auf dem
25 Sofa saß. „Dein Gast ist für mich inzwischen der einzige Luxus, den ich mir noch leisten kann!"

Nun kam das schon wieder!

In Büchern und Filmen ist es oft so, dass die Erwachsenen heimlich tuscheln und die Kinder vor die

Tür schicken, wenn sie ihre Sorgen besprechen, und die Kinder werden dann immer ganz verrückt vor Neugier, wenn sie nicht erfahren, was die Erwachsenen da reden. Leider hielt Mutter von solch altmodischen Erziehungsmethoden gar nichts.

Ich mochte den ganzen Kram nicht mehr hören. Sie erzählte mir viel zu oft, wie wenig sie seit der Scheidung übrig hatte. Ich kam mir schon fast wie ein Verbrecher vor, weil ich mir einen neuen Computer wünschte. Mein altes Ding war fast so lahm wie die Computer in unserer Schule.

„Du weißt, dass ich keinen Job finde ...“

Meine Mutter hatte zwanzig Jahre nicht gearbeitet. Ihren alten Beruf gibt es gar nicht mehr: technische Zeichnerin. So was machen heute Computer.

Mein Vater hatte geglaubt, sie würde die Wohnung verkaufen.

Aber Mama denkt nicht dran. Sie bringt es ja noch nicht mal fertig, die Einrichtung zu ändern. Die Wohnung ist ihre Abfindung, und Vater ärgert sich, dass er noch die Zinsen abzahlen muss.

Abfindung
Entschädigung

„Sobald ich Geld habe, lege ich etwas in deine Haushaltskasse“, versprach Bernd.

„Da kann ich lange warten! Du schuldest mir noch –“

„Au! Eins von den Dingern ist mir ins Auge geflogen!“, rief Bernd und sprang auf. Ich hatte ein neues Tischfeuerwerk gezündet. Hinter vorgehaltener Hand zwinkerte er mir zu.

5

Am nächsten Abend brachte Bernd eine schwere Pappschachtel mit. Sie war voller Geldstücke. Er hatte in einer Kneipe Gitarre gespielt und Geld gesammelt.

5 „Das werd ich jetzt öfter machen", versprach er.

Mutter lachte. „Hauptsache, du schleppst Alex nicht mit durch die Kneipen ..."

„Das ist eine gute Idee!", rief Bernd. „Alex, würdest du mit der Sammelbüchse rumgehen?"

10 Meine Mutter starrte ihn an. Dann merkte sie, dass er nur Spaß machte.

Bernd hat seine Gitarre immer im Auto. Eine elektrische Gitarre mit einem kleinen Verstärker. Wenn er viel Wein getrunken hat, holt er die Gitarre hoch und 15 singt ziemlich laute, verrückte Sachen. Das mag meine Mutter nicht so besonders gern. „Erzähl lieber eine von deinen Geschichten", sagt sie dann, „das ist nicht so laut."

Er hatte viel zu erzählen. Von einem Mörder, den er mal kannte, und von einem Dieb, der ihm ein teures 20 Mikrofon gestohlen hatte.

Ole zog aus.

Bernd hatte endlich eine Unterkunft für ihn gefunden.

„Tschüs, Hausschwein", sagte ich beim Abschied, 25 „du wirst uns fehlen."

Ole drückte mir und meiner Mutter die Hand. „Danke", sagte er. „So nett wie ihr ist noch niemand zu mir gewesen."

Sein Gerümpel schaffte Bernd zur Müllkippe.

„Teures Schwesterherz", sagte er zu Mutter, „als kleinen Dank für deine Geduld mit Ole möchte ich dir einen Blumenstrauß schenken. Ein Mann von Welt hat so was natürlich jederzeit im Notgepäck ..." Er ₅ nestelte aus seiner Jackentasche ein kleines, schlaffes Gummisäckchen und blies es auf. Vor seinem Mund wuchs ein bunter Blumenstrauß. Er knotete ihn unten zusammen und überreichte ihn mit einer tiefen höflichen Verbeugung.   ₁₀

Meine Mutter stellte ihre Teetasse ab und lächelte. Der aufblasbare Blumenstrauß sah wirklich witzig aus.

„Eine Neuheit in Konrads Sortiment", sagte Bernd. Sortiment
Warenangebot
„Wird erst nächste Woche den Vertretern vorge-
stellt ... Hier, das wird dir gefallen." Er drehte sich
zu mir. „Etwas ganz Feines. Diese Dinger sind auch
₅ neu!"

Er zog eine Schachtel aus der Tasche, nahm daraus
zwei Pillen und warf sie in meine Teetasse. „Dein Tee
ist sowieso kalt", sagte er, „den würde ich nicht mehr
trinken."

₁₀ Ich schaute in die Tasse: Die Pillen quollen auf und
dehnten sich aus. Dicker, länger ... Vor allem länger.
Schon schwabbelten zwei eklige Würmer im Tee.

„Klasse", sagte ich, „hast du noch mehr davon?"

Bernd zwinkerte mir zu. Zu meiner Mutter sagte
₁₅ er: „Konrads Firma will nächste Woche wieder ihren
Vertretern vorführen, was es an Neuheiten gibt. Die
Vertreter kommen aus ganz Deutschland ..."

„Willst du etwa deinen Job kündigen und jetzt
auch Knallfrösche und Wurmpillen verkaufen?"

₂₀ „Meinen Job?" Bernd lachte bitter. „Die Jugendar-
beit ist freiwillig, damit verdiene ich nichts. Du weißt
doch, dass ich von der Sozialhilfe lebe. Aber darum
geht's gar nicht." Bernd nahm die Tasse, ging damit
zum Badezimmer und schüttete den Würmertee ins
₂₅ Klo. Von dort rief er durch die offene Tür: „Fünf von
den Vertretern haben kein Hotelzimmer mehr gefunden. Sie müssen aber für zwei Tage in Hamburg un-
terkommen." Er kam zurück ins Zimmer. „Wie wär's,
wenn die Jungs hier wohnen? Für dich wär's leicht
₃₀ verdientes Geld."

Meine Mutter richtete sich auf. „Du meinst – hier in meiner Wohnung? Fünf Hausschweine auf einmal?"

„Schlimmer als Ole werden sie nicht sein. Und du verdienst mindestens 250 Euro. Für zwei Tage! Die fehlenden Betten besorge ich. Vom Sperrmüll oder vom Roten Kreuz. Wahrscheinlich müssten wir Frühstück anbieten. Zweimal Frühstück für fünf Personen ... kostet insgesamt vielleicht 25 Euro. Die musst du abziehen. Rechne meinetwegen auch noch die Kosten weg, um die Bettlaken zu waschen. Der Rest ist reiner Verdienst."

„*Wir* müssten Frühstück anbieten? Ich höre immer *wir*!"

„Ich helfe natürlich", versprach Bernd. „Das ganze Geld wäre für euch – als Entschädigung, weil ihr Ole so lange durchgefüttert habt."

Fünf Scherzartikel-Vertreter bei uns in der Wohnung? Das klang nach einer erfreulichen Abwechslung. „Weißt du, was die mitbringen?"

„Ich hab gehört, es soll neue eingeklemmte Finger geben", sagte Bernd, „noch naturgetreuer als früher. Wenn man sie in den Rahmen einer geschlossenen Tür steckt, sieht das unheimlich echt aus."

Meine Mutter versuchte, ihre wachsende Begeisterung zu zügeln. „Kriegt man da nicht Ärger mit Behörden? Kann jeder einfach so Zimmer vermieten? Muss das nicht als Gewerbe angemeldet werden?"

„Keine Ahnung", gab Bernd zu. „Aber ich finde es heraus!"

Heimlich steckte er mir die Schachtel mit den Wurmpillen zu.

„Wenn ich was von dem Geld abkriege", verkündete ich, „dann helfe ich auch mit."

„Das heißt: Du wärst einverstanden?" Mutter schaute mich prüfend an. „Und es würde dich nicht stören, dass fünf fremde Menschen bei uns in der Wohnung sind?"

Ich schüttelte den Kopf.

Meine Mutter fragte: „Wie heißt noch dieses neue Computerspiel, das du dir wünschst?"

Sie kann Playstation immer noch nicht von einem Computer unterscheiden. Sie hat immer noch nicht verstanden, dass mein Computer für die neuen Spiele zu schlapp ist. Sie weiß immer noch nicht, wer Lara Croft ist. Aber sie meint es gut.

Bernd wuschelte mir durch die Haare. „Aber dafür musst du auch richtig mit ranklotzen. Die Zimmer vorbereiten, Betten machen, Tisch abdecken – das volle Pfund."

Ich zog eine Grimasse, aber ich nickte.

Meine Mutter hatte noch einen Einwand. „Bitte keine Stromausfälle oder sonstige Streiche, hörst du, Alex? Auch dann nicht, wenn du dich von den Leuten genervt fühlst."

„Na, sag mal: Was denkst du von mir?" Ich war richtig beleidigt.

Mutter seufzte kurz, dann lächelte sie. Drei Tage später meldete sie bei der Stadt einen gewerblichen Betrieb an: Zimmervermietung.

6

Auf dem Schulhof hatte ich selten etwas zu erzählen gehabt. Mein Leben war öde gewesen, auch wenn ich es nicht zugab.

Alle sechs Wochen besuchen mich Vater und Sven 5 hier in Hamburg, aber was soll ich davon erzählen? Sven seh ich immer nur kurz, er geht zu Freunden oder unterhält sich mit Mama. Vater bleibt nie lange in der Wohnung. Er holt mich zu einem Stadtbummel ab oder geht mit mir in die Eisdiele. 10

Seine Freundin sitzt dann unten im Auto und wartet auf uns. Sie ist nett und freundlich, und auch mein Vater ist nett und freundlich zu mir, und wir reden und erzählen uns Witze. Nach zwei Stunden sitz ich wieder mit Mama in der großen, leeren Wohnung und 15 sie quetscht mich wie eine Zitrone aus.

Die Leute auf dem Schulhof interessiert es dagegen nicht die Bohne, was Vaters neue Freundin von sich gegeben hat. Nun erlebte ich plötzlich Dinge, um die andere mich beneideten. 20

Fünf Vertreter als zahlende Gäste. Drei Einzelzimmer, ein Doppelzimmer – und viele, viele Tränen, die Mutter und ich an diesen beiden Abenden vergossen. Vor Lachen. Fünf erwachsene Männer führten uns Hasenzähne vor, setzten sich Brillen mit Blinknasen 25 auf und warfen Gummibeutel durchs Zimmer, die wie gerupfte Hühner aussahen. Sie zeigten uns färbende Seife, Rotztropfen und Pupsspray. Wir fassten weichen Hundekot an, der täuschend echt aussah, pro-

bierten den blutenden Zucker aus und ließen elektro-
nische Kakerlaken durchs Zimmer laufen.

*Kakerlake
schwarzes
Insekt (Küchen-
schabe)*

Schon die Geschichten vom Hausschwein waren
auf dem Schulhof sehr beliebt und ich schmückte
5 sie gerne aus. Als dann die fünf Scherzartikelvertreter bei uns wohnten, wurde ich in den Pausen um-
ringt.

„Leihst du mir den Knallkugelschreiber?"

„Darf ich heute mal die Spritzklingel mit nach
10 Hause nehmen?"

Von jedem Scherzartikel hatte ich ein Exemplar
geschenkt bekommen. Am begehrtesten war der ge-
brochene Finger zum Überstecken: ein abgeknickter
Gummifinger mit herausstehenden Knochen, echt
15 fies. Fast alle aus der Klasse wollten damit mal ihre Eltern erschrecken.

In ihren Zimmern hatten sich die fünf Gäste or-
dentlich benommen – kein Vergleich mit Ole. Meiers
war es dennoch nicht recht gewesen. „Ständig trifft
20 man im Treppenhaus fremde Leute! Man weiß ja gar
nicht mehr, wer hier wohnt und wer nicht!", hatten sie
sich beschwert.

Aber die zwei Tage waren schnell vorbei, und Meiers beruhigten sich wieder. Einer der Vertreter schrieb
25 sogar im Namen aller einen Dankesbrief. Wie wohl sie
sich bei uns gefühlt haben und wie gut Mutters gewal-
tiges Frühstück geschmeckt hat.

Von dem Geld, das wir verdient hatten, ließen wir es uns einen Monat gut gehen. Endlich gab es mal die teureren Cornflakes. Meine Mutter kaufte sich eine neue Kaffeemaschine, und ich bekam das neueste Spiel von „Tomb Raider". Dann war das Geld weg.

7

Bernd zog bei uns ein. Sein Vermieter hatte ihn vor die Tür gesetzt, weil Bernd immer so laut Gitarre spielte und keine Miete mehr zahlen konnte. Er hat hohe Schulden. Mutter ließ ihn in Vaters altem Arbeitszimmer wohnen, da war am meisten Platz für seine Kisten, Koffer und Kartons und für die drei Gitarren.

Meine Mutter hatte gehofft, dass er ihr im Haushalt helfen würde, aber eine große Hilfe war er nicht. Umso mehr freute ich mich. Die Zimmerwände schienen nicht mehr ganz so grässlich hoch. Bernd brachte uns oft zum Lachen. Wenn wir abends zusammensaßen, waren wir fast eine normale Familie: Mutter, Bernd, Herr Schröder und ich.

Nur Geld war immer noch knapp. „Ich könnte einen Zettel im Supermarkt aushängen", sagte Bernd eines Abends, „Zimmer an Student zu vermieten oder so was."

Was er beim Gitarrespielen in der Kneipe verdiente, reichte oft kaum für das Bier, das er abends trank. Es war ihm unangenehm, dass er nichts zu unserer Haushaltskasse beisteuern konnte.

Mutter überlegte. „Eine Studentin oder ein Student? Die dann ein halbes oder sogar ein ganzes Jahr bei uns wohnen?" Sie trank einen Schluck Tee. „Als Dauergäste möchte ich keine Fremden in der Wohnung haben. Außerdem ... wenn Christoph oder Martin oder Sven mal am Wochenende kommen, will ich, dass sie jederzeit ihre Zimmer haben können. Aber mal wieder ein paar Zimmer für zwei oder drei Nächte vermieten – warum nicht? Schließlich ist das Gewerbe angemeldet."

Zwei Tage später schleppte Bernd ein staubiges Waschbecken hoch in die Wohnung. In Christophs Zimmer setzte er es vorsichtig auf dem Fußboden ab.

„Fängst du jetzt auch an wie Ole?", fragte Mutter entgeistert. „Oder soll das dein Beitrag zu unserer Haushaltskasse sein?"

Bernd klopfte sich die Hose ab. „Die Scherzartikelvertreter haben wir nur durch Konrad bekommen. Das war sozusagen privat. Jetzt wollen wir fremde Leute als Kunden gewinnen – da treten wir in Wettbewerb mit professionellen Hotels und Pensionen. Wenn wir schon nicht für jeden Gast ein eigenes Bad anbieten können, dann muss wenigstens ein Waschbecken im Zimmer sein."

Der Blick meiner Mutter sagte, dass sie nicht von der Qualität des Waschbeckens überzeugt war. Es sah sehr schmutzig aus und unten hing noch der Rest eines kaputten Rohres.

„Wenn's geputzt ist, sieht es aus wie neu", versprach Bernd. „Ich hab noch mehr davon im Wagen. Alle kaum benutzt. Komplett mit Wasserhähnen!"

„Eine ganze Wagenladung Waschbecken? Wo hast du die her?"

Bernd hatte aus dem Badezimmer einen Lappen geholt und begann, das Waschbecken sauber zu wischen. „Die reißen doch in der Stresemannstraße diese alte

Fabrik ab", erklärte er. „Noch vor ein paar Monaten hatten sie alles renoviert, dann plötzlich pleite und jetzt: weg damit!" Er wischte. Ohne den Schmutz sah das Porzellan tatsächlich tadellos aus. „Ich hab die Bauarbeiter gefragt, ob ich noch schnell die Waschbecken rausholen darf, bevor sie das ganze Gebäude zusammenkloppen. Ihnen war's egal."

„Kannst du denn so was einbauen? Ich meine ... braucht man dazu nicht einen Klempner?"

Zufrieden betrachtete Bernd sein Werk. „Ein Kumpel von mir ist Fachmann. Hat als Heizungsbauer gearbeitet. Er schuldet mir noch einen Gefallen."

„Aber ... in allen Jungszimmern ... dann sieht ja alles so anders aus." Mutter wischte sich die Stirn. „Wenn Christoph oder Martin kommen ..."

„... dann freuen sie sich, dass sie sich die Hände waschen können." Zu mir ergänzte Bernd flüsternd: „Oder nachts mal ins Waschbecken pinkeln."

Meine Mutter hatte es gehört. „Du bist widerlich!"

„Und du, teures Schwesterherz, machst dir zu viele Gedanken. So selten, wie die Zwillinge mal kommen ..."

Das stimmte. Sie waren schon fast ein Jahr weg und hatten höchstens fünfmal ein Wochenende in Hamburg verbracht. Und auch dann waren sie mehr bei Freunden als bei uns.

„Also dann!" Mutter krempelte die Ärmel hoch.

Ich half mit. Bernd hatte auch Rohre im Auto. Lange Rohre, sehr lange Rohre, kurze Rohre, gebogene Rohre. Die rausgerissenen Wasserleitungen aus der alten Fabrik.

„Weiß denn dein Kumpel, wie sie zusammenpassen?"

„Zettler ist Spezialist für Leitungen."

Meine Mutter schaute auf die Wände. „Mir graut vor den Löchern. Verputzt dieser Zettler hinterher ₅ auch alles wieder oder müssen wir dann noch einen Maurer holen?"

„Zettler ist Experte", versicherte Bernd.

Abends holte er seine Gitarre und stöpselte das Kabel in den kleinen Verstärker. Er schlug einen har- ₁₀ ten, scharfen Rhythmus und sang:

„Wir werden Profis, mit unsrer Pension,

die dicken Dollars sind der Lohn ..."

Ich musste lachen und fiel ein:

„Bei uns lebt keiner wie ein Bettler,   ₁₅

wir holen den Experten Zettler!"

Auch meine Mutter sang mit, was sie sonst fast nie tat:

„In allen Zimmern fließend Wasser,

und Geld fließt auch – in unsre Kassa ..."   ₂₀

8

Unser Sportlehrer war ein scharfer Hund. Wer aus irgendeinem Grund nicht mitschwimmen konnte oder wollte, musste eine schriftliche Entschuldigung der ₅ Eltern zeigen, sonst gab's eine Sechs.

Falko hatte sich was Cleveres ausgedacht. Er wusste, dass immer mindestens einer aus der Klasse sein Schwimmzeug vergaß. Also nahm er jede Woche seine Ersatzbadehose mit. Wer sie ausleihen wollte, muss-₁₀ te bezahlen. Leihgebühr zwei fünfzig. „Miese Tour!", regte ich mich auf. „Raffer! Gierschlund!"

Aber die anderen nahmen Falko in Schutz. „Ist doch eigene Blödheit, wenn einer die Badehose vergisst!"

₁₅ Dann traf es mich selbst. Ich verfluchte meine Schusseligkeit. Ausgerechnet am Staffeltag! Die Mannschaft rechnete mit mir.

Natürlich ging ich nicht zu Falko.

Ich lieh mir für drei fünfzig eine Badehose an der ₂₀ Kasse der Schwimmhalle. Es war ein altes, ausgeleiertes Ding und Falko lachte hämisch, als er mich darin sah.

„Das gute Stück hat wohl dein Vater vergessen, als er nach Frankfurt abgehauen ist, wie?"

₂₅ Ich knirschte mit den Zähnen.

Oles Drohung hatte ein paar Wochen gewirkt, aber inzwischen wusste Falko längst, dass die Gefahr vorbei war. Ich selbst hatte ja auf dem Schulhof erzählt, dass Ole ausgezogen war!

Falko grinste in die Runde seiner Kumpels. „Schaut ihn euch an! Der Torfkopp hätte sich bei mir ein Topmodell ausleihen können – aber er bezahlt lieber drei fünfzig für diesen Lumpen!"

Die anderen lachten.

Am nächsten Tag in der Deutschstunde malte ich in meinem Kopf ein wüstes Bild: Falko im Bombenhagel.

„Alex?"

Frau Scheels Stimme.

„Ja?" Ich ruckte den Kopf und schob mein Kaugummi hinter die Zähne in die Backentasche.

Frau Scheel schaute mich an. „Ist es wichtig, in der Deutschstunde Kaugummi zu kauen?"

„Äh ..." Was soll man auf so eine Frage antworten?

„Du schreibst mir bis morgen einen Aufsatz: Sieben Gründe, warum es notwendig ist, in der Deutschstunde Kaugummi zu kauen."

„Notwendig?", fragte ich, „Sie meinen wohl: verboten."

Frau Scheel zwinkerte vergnügt. „Sieben Gründe, warum es unbedingt notwendig ist, in der Stunde Kaugummi zu kauen."

Zuerst fand ich das blöd, aber dann machte es Spaß. Einfach mal ganz anders denken! Und plötzlich wusste ich, wie ich Falko bekämpfen konnte. *Einfach mal ganz anders denken!* Seine miese Geschäftemacherei würde ich ihm gründlich vermasseln.

Auch ich hatte zwei Badehosen. Ab jetzt wusste ich immer ganz genau, wann wir Schwimmen hatten.

Wer meine Ersatzhose leihen wollte, brauchte nur die Hälfte zu bezahlen: eins fünfundzwanzig. Nicht an mich, sondern in die Klassenkasse.

Falko kochte.

Er musste mit seinem Preis runtergehen.

Da verzichtete ich auf eine Leihgebühr. Wer eine Badehose brauchte, bekam sie umsonst.

Falko machte ein dummes Gesicht. Er schnallte nicht, warum ich das getan hatte.

Sollte ich etwa zu ihm sagen: „Keine Gemeinheiten mehr gegen meinen Vater, und ich lass dich in Ruhe?"

Auf so was muss man doch selbst kommen, oder?

9

Samstags kann ich eigentlich ausschlafen. An diesem Samstagmorgen wurde ich früh um acht von krachenden Hammerschlägen geweckt. Die Wände zitterten. Ich zog mich rasch an und stürmte in Svens Zimmer, aus dem das Donnern kam.

Beim Öffnen knallte die Tür gegen einen Mann, der in der Ecke auf dem Fußboden kniete. In der Hand hielt er ein Stemmeisen und einen großen Hammer. Vor ihm in der Wand klaffte ein großes Loch. Das Zimmer war neblig von Staub, überall flogen winzige weiße Körner.

Meine Mutter war auch aufgestanden und kam dazu. „Wie sind Sie hier reingekommen?"

Der Mann ließ das Werkzeug fallen, klopfte sich die Hände ab und stand auf. „Bernd – äh ... Ihr Bruder hat mir einen Schlüssel gegeben." Er gab meiner Mutter die Hand. „Zettler ist mein Name."

„Hätten Sie nicht Bescheid sagen können, wann Sie kommen? So ein Krach am Samstagmorgen ..."

Zettler rieb sich verlegen die Hände. „Ihr Bruder hat gesagt, ich kann gleich heute früh anfangen. Er hat mir den Schlüssel gegeben."

Plötzlich wusste ich, was nicht stimmte. „Wenn da über dem Loch ein Waschbecken angebracht ist, ein großes Waschbecken – dann kann man doch kaum noch die Tür aufmachen! Ich bin ja eben auch gegen Sie geknallt."

„Jaja. Nicht so schlimm." Zettler bückte sich nach Stemmeisen und Hammer. „Ich setz da einfach Mör-

tel rein, und den Rest kann man mit Putz ausgleichen – das sieht kein Mensch mehr." Er strich mit seinem Stemmeisen über die Wand. „Wo wollen Sie das
Waschbecken denn haben?"

„Na hörn Sie mal, Herr Zettler!" Mutter war richtig wütend. „Sie müssen doch erst mal rausfinden, wo
man am besten an die Wasserleitungen rankommt!"

Zettler ließ das Stemmeisen sinken. „Ich mach,
was man mir sagt."

„Da hätten Sie vorher fragen sollen!" Meine Mutter blickte sich im Zimmer um. „Dann hätten wir auch
die Möbel abgedeckt und uns diese Sauerei erspart!"

„Ich mach, was man mir sagt", antwortete Zettler.

Meine Mutter stürmte aus dem Zimmer.

Zwei Minuten später war sie wieder da, einen ver-
schlafenen Bernd im Schlepptau.

„Moin Zettler", sagte Bernd. „Ich denke, wir sollten
erst mal einen Plan machen, wohin die Rohre sollen."

Er holte Stift und Papier. Sie rechneten und zeich-
neten und klopften alle Wände ab.

Nicht in allen Zimmern war es möglich, Waschbecken anzuschließen.

Zettler arbeitete das ganze Wochenende und das
nächste Wochenende und das Wochenende darauf.

„Ein Experte", hatte Bernd gesagt.

Mal traf Zettler ein Stromkabel und alle Siche-
rungen knallten durch. Mal bröckelte so viel Putz
neben seinen Löchern ab, dass wir um die ganze Wand
fürchteten. Mal hatte er sich verrechnet und fand den
Anschluss zum Hauptrohr nicht.

„Kann man alles mit Putz ausgleichen", hieß es dann jedes Mal. „Kann man alles mit Putz ausgleichen!"

Tagelang hätte unsere Wohnung eine prima Kulisse für einen Katastrophenfilm abgegeben. Endlich ₅ waren drei Waschbecken angeschlossen und funktionierten.

„Die Sache hat länger gedauert als gedacht", sagte Bernd zu meiner Mutter. „Das Geld, das Zettler mir schuldete, hat er längst abgearbeitet. Wenn er die ₁₀ Wände und Fußböden wieder verputzen soll –"

Meine Mutter explodierte. „Natürlich verputzt er die Löcher wieder, das hat er versprochen! Und Kacheln sind auch noch nicht dran!"

„Kacheln sind nicht besonders teuer", sagte Bernd. ₁₅ „Dazu brauchen wir dann allerdings noch den Kleber und wir müssen Zettler natürlich das Material ersetzen, das er uns eingebaut hat – Dichtungen, Verbindungsstücke ..."

„Wie viel?", fragte Mutter.   ₂₀

„Kann man alles mit Putz ausgleichen", lachte Bernd. Dann rechnete er: „Zettlers Arbeitslohn, plus Mörtel und neue Tapeten ... Wenn wir vier Tage lang alle drei Zimmer vermieten, haben wir das Geld locker wieder drin."   ₂₅

„Dein Wort in Gottes Ohr!" Meine Mutter blickte Bernd skeptisch an. „Besorg uns ein paar zahlungskräftige Gäste!"

10

Wie Bernd in der ersten Zeit die Gäste zu uns lockte, weiß ich nicht.

Leute wurden uns ins Haus geweht, die wir sonst nie kennengelernt hätten: eine junge Malerin, die in einer kleinen Galerie eine Ausstellung machte. Eine Altherrenmannschaft, die einen Vierer mit Steuermann ruderte. Eine Weinkönigin aus der Pfalz auf Werbetour für einen Lebensmittelmarkt. Tänzer, die an einem Tanzturnier teilnehmen wollten. Ein Amerikaner namens Meckelfeld, der in Deutschland nach seinen Vorfahren forschte. Manchmal kamen auch Trupps von polnischen Bauarbeitern, die zu dritt oder zu viert in einem Zimmer schliefen. Oder es kamen Schauspieler, die in einem kleinen Theater ein Engagement hatten.

Die meisten Gäste freuten sich an Herrn Schröder. Viele fotografierten ihn, damit sie zu Hause beweisen konnten, dass es einen so fetten Kater wirklich gibt.

Manche von diesen Leuten bekam ich nie zu Gesicht. Sie reisten spätabends an, standen erst mittags auf und waren schon wieder verschwunden, wenn ich aus der Schule zurückkam. Oder sie hatten sich schon frühmorgens wieder auf den Weg gemacht.

Wir wussten nur: Alle wollten morgens Frühstück – die ersten schon um halb sechs – und alle brauchten Bettwäsche. Viele hatten Sonderwünsche, und viele hätten gern einen eigenen Fernseher im Zimmer gehabt.

Obwohl Bernd das meiste kostenlos besorgte oder billig beim Trödler kaufte, mussten viele Dinge neu angeschafft werden. Handtücher, Geschirr, Küchengeräte … Am Ende des Monats war kaum Geld übrig.

investieren
Geld und Arbeit
in etwas stecken

„Am Anfang muss man eben investieren", sagte Bernd. „Ihr werdet sehen: Wenn erst alle Zimmer fertig ausgestattet sind, bleibt viel mehr hängen."

Einen ganzen Monatsverdienst kostete ein Gemälde, das Bernd der jungen Malerin abkaufte, obwohl oder weil sie ihn nachts aus ihrem Zimmer geworfen hatte.

„Das Bild wird sicher im Wert steigen", sagte Bernd. „Außerdem ist es wichtig, dass schöne Bilder in den Zimmern hängen, damit sich die Gäste wohlfühlen. Natürlich muss es noch gerahmt werden." Nach einem Blick auf das Bild konnte ich ein Kichern nicht unterdrücken.

„Kann man alles mit Putz ausgleichen", sagte ich.

Bald war mir immer weniger nach Lachen zumute.

„Entschuldigung, ich wohne hier", murmelte ich, wenn ich mich wieder mal im Flur an einem Erwachsenen vorbeizwängen musste.

Viele Gäste übersahen mich einfach. Selten, dass mal einer mit mir sprach. Und wenn, waren es meistens Ältere. „Na, wie alt bist du denn? In welche Klasse gehst du? Macht die Schule Spaß?"

Immer dieselben Fragen.

Immer das Badezimmer abschließen, wenn ich mal aufs Klo musste.

Die Gäste! Immer die Gäste. Für Mutter und Bernd standen die Gäste an erster Stelle. Sie sollten sich wohl-fühlen. Und ich?

Schon lange war keine Rede mehr davon, dass mein Taschengeld erhöht werden sollte. Immerhin bekam ich manchmal ein Geldstück zugesteckt, wenn ich beim Frühstückmachen half.

Und manche Gäste sorgten dafür, dass ich was auf dem Schulhof zu erzählen hatte.

Frau Kerner zum Beispiel.

„Frau Kerner hat unseren Herrn Schröder aus dem Fenster geworfen, einfach so, vom ersten Stock", er-zählte ich. „Er landete in den Büschen und hatte sich nichts getan, aber die Frau hat doch einen Schatten!"

Dass Herr Schröder ins Zimmer kommen konn-te, war natürlich meine Schuld gewesen, keifte Frau Kerner: „Wie oft hab ich dir gesagt, du sollst die Tür zumachen, wenn du in mein Zimmer kommst! Du weißt genau, dass ich gegen Katzen allergisch bin ..."

Sei doch froh, du Schlampe, dass ich dir Bettwäsche und Handtücher gebracht habe!, hätte ich am liebsten gesagt. Frau Kerner ist wirklich eine Schlampe, das sagt sogar meine Mutter. Groß, kräftig, mit wehenden Locken und wehender Bluse wuselt sie ständig hin und her, lässt überall verstreut ihre Klamotten liegen und benutzt nie die Klobürste. Dabei zahlt sie nicht mal den vollen Preis pro Nacht.

Sie sollte lernen, dass man nicht ungestraft hilflose Kater aus dem Fenster schmeißt.

Am nächsten Nachmittag wartete ich, bis sie aus dem Haus war. Dann bin ich heimlich in ihr Zimmer geschlichen. An den Spiegel und auf die Wasserhähne hab ich Tomatenketchup gekleckst, und dann hab ich ihr die abgehackte Hand ins Waschbecken gelegt. Sieht total echt aus – wenn man nicht von Konrad weiß.

Eigentlich waren wir nun quitt.

Frau Kerner sah das anders. Als sie am Abend die Sauerei entdeckte, kam sie kreischend aus ihrem Zimmer getobt und rannte zu meiner Mutter in die Küche.

„Können Sie nicht besser auf Ihr abscheuliches Kind aufpassen? Ich dachte zuerst, die Hand wäre echt – zu Tode erschrocken hab ich mich! Und alles verklebt mit roter Farbe oder was das ist ...“

Meine Mutter schaute verwirrt Frau Kerner, dann mich an. „Alex?“, fragte sie scharf. „Hast du der Dame etwas angetan?“

„Die Dame“, sagte ich, „hat gestern Herrn Schröder aus dem Fenster geschmissen.“

„Das hat damit überhaupt nichts zu tun!“, rief Frau Kerner. „Auch wenn Sie Ihren Viechern menschliche Namen geben und sie wie Menschen behandeln – eine Katze ist eine Katze und hat in meinem Zimmer nichts zu suchen!“

„Ein Kater“, sagte ich.

„Außerdem macht es Katzen nichts aus – und Katern auch nicht! –, von viel größerer Höhe nach unten zu springen. Das weiß man doch!“

„Für Alex und mich gehört Herr Schröder zur Familie", sagte meine Mutter gefährlich ruhig.

Ich ergänzte: „Er ist kein gewöhnlicher Kater."

Frau Kerner schnaubte. „Natürlich nicht! So ein
5 verfettetes, dickes Exemplar habe ich noch nie gesehen! Ich hab mir fast den Arm ausgerenkt, als ich ihn hochhob! Der wiegt ja mehr als eine Kiste Mineralwasser!"

„Gerade ein schwerer Kerl wie Herr Schröder hätte
10 sich beim Fallen bös verletzen können, das wissen Sie genau!", rief ich. „Und trotzdem schmeißen Sie ihn aus dem Fenster!"

„Es ist ihm ja nichts passiert! Aber ich – ich hätte fast einen Herzanfall bekommen wegen der abgehackten Hand!"

„Der Gummihand!", verbesserte meine Mutter.

Frau Kerner geriet außer sich. „Ich ziehe aus! Auf der Stelle! Ihnen werfe ich doch nicht mein gutes Geld in den Rachen ..."

„Sie wohnen seit zwei Wochen bei uns und haben noch nichts bezahlt", stellte meine Mutter mit ruhiger Stimme fest. Manchmal ist sie wirklich klasse. „Ich hatte Ihnen damals einen Sonderpreis zugesagt, weil ich Ihren Bruder kenne und weil Sie nur für eine Woche bleiben wollten ..."

„Was kann denn ich dafür, dass ich in dieser grässlichen Stadt keine Wohnung finde? Glauben Sie, es ist angenehm, jeden Morgen zur Arbeit zu fahren, und alle Kollegen in der Firma haben eine eigene Wohnung, bloß ich nicht?"

„Wenn Sie jetzt bezahlen – eine Woche Sonderpreis und eine Woche Normaltarif –, dann können Sie sofort gehen."

Für meine Klassenkameraden war die Geschichte an dieser Stelle vorbei. Ich beendete sie mit den Worten: „... und wutschnaubend zog Frau Kerner aus!"

Leider war es nicht so, sondern so:

„Ich finde schon eine Wohnung, glauben Sie mir!" Frau Kerner reckte das Kinn und baute sich vor meiner Mutter auf. „Und dann werde ich allen erzählen, was für ein Laden das hier ist!"

Meine Mutter knickte ein. Frau Kerner arbeitet bei einer Zeitung und kennt viele Leute.

Ich wusste, dass ich meiner Mutter nur helfen konnte, wenn ich klein beigab. „Es tut mir leid", presste ich hervor.

„Du putzt alles wieder sauber", verlangte Frau Kerner. Sie kostete ihren Triumph voll aus: „Und dieses abscheuliche Gummiding landet in der Mülltonne, da will ich zugucken!"

Mutter flehte mich mit einem Blick an, keine Zicken zu machen.

Okay. Aber meine Stunde kommt noch, dachte ich.

Ich holte die Gummihand aus dem Waschbecken und ließ sie vor Frau Kerners Augen in den Mülleimer plumpsen.

Nachts fischte ich sie wieder raus, spülte sie ab und versteckte sie.

Ich fand es schlimm, dass wir uns vor solchen Menschen kleinmachen mussten. Das ließ sich nicht ausgleichen, weder mit Putz noch sonst wie. Freundlich sein, hier mithelfen, da mithelfen ... Alles nur wegen Kohle.

11

Zum Glück sind nicht alle Gäste so wie Frau Kerner. Es gibt auch nette.

Wie den Schauspieler Herrn Arnold zum Beispiel. Er hilft sogar beim Frühstückmachen, sitzt gern im Wohnzimmer auf dem Sofa und krault Herrn Schröder.

Am Donnerstag zündete er jedoch aus Versehen mein Meerschweinchen an.

Er wollte in unserer Küche die Ameisen vertilgen. Das war eine gute Idee. Aber er wollte es mit Brennspiritus machen. Das war eine schlechte Idee. In alle Ritzen und Ecken schüttete er Brennspiritus. Ein paar Tropfen müssen auf Hexi gespritzt sein. Sie läuft gerne frei im Haus rum.

Herr Arnold zündete den Brennspiritus an – wutsch! –, eine Stichflamme schoss über den Küchenfußboden. Als Hexi quiekend nach draußen rannte, loderte eine Flamme über ihrem Po. Zwar war ihr nicht viel passiert, nur ein paar Haare im Fell versengt. Aber der Schreck! Hexi zitterte noch Stunden später.

Und Herr Arnold war vollkommen verstört: „Das tut mir ja so leid ... ich ... ich ... wie soll ich denn heute Abend auftreten – ich glaub, ich kann mich gar nicht mehr auf meinen Text konzentrieren ...“

„Beruhigen Sie sich doch, es ist nicht Ihre Schuld!“, beteuerte meine Mutter hastig.

„Aber natürlich!“, rief ich. „Die ganze Küche hätte in Flammen aufgehen können! Oder Kabel verschmoren ...“

„Und du hättest Hexi vorher in den Stall tun können!"

Mir klappte der Kiefer runter. „Ich? Ich hab also
wieder mal Schuld?" Wütend ließ ich die Tür knallen
und ging zu Herrn Schröder auf die Eisentreppe.

„Mein Alexander der Große" nannte mein Vater
mich früher. Er hatte mir mal in einem Kunstkatalog
dieses Bild von einem gemalten Männerkopf gezeigt.
„Von ihm hast du den Namen", sagte er und nahm
mich auf den Schoß. „Alex ist die Abkürzung von
Alexander. Er war ein mächtiger König ..."

Was hat es mir genützt? Pah!

Herr Schröder lebte wie ein König. Bequem durf-
te er auf seinem Lieblingsplatz in der Sonne liegen
und faulenzen. Ich kraulte sein Fell. Er war ein König.
Herr Schröder hatte meine Mutter und mich so erzo-
gen, dass wir ihm jederzeit reichlich zu fressen gaben.
Ganz schön raffiniert.

Daneben war ich ein schäbiger Diener.

*„Alex – gehst du nach der Schule bitte noch ein-
kaufen? Wir brauchen frischen Aufschnitt und Käse."*
Oder:

*„Alex – die Waschmaschine ist gerade durchgelau-
fen. Hängst du bitte die Wäsche auf?"* Oder:

*„Alex – im Zimmer der Bauarbeiter muss dringend
gesaugt werden ..."*

Ein Teil meiner Seele hieß immer noch Alex und
ließ es sich gefallen, dass ich mithelfen musste. Ja,
der Alex in mir sah sogar ein, dass es nötig war, und er

hatte Mitleid mit Mutter. Anders ALEXANDER – und
der war ich auch. Alexander hasste die Hausarbeit.
Spuckte in eine Zimmerecke, wo es niemand sehen
konnte. Schüttete altes Blumenwasser aus dem Fenster und hoffte, dass jemand unten vorbeiging. Ale- 5
xander stöberte im Gepäck der Gäste, wenn sie gerade
außer Haus waren. Hörte laute Musik, wenn Mutter
ihn rufen wollte. Und wenn sie ins Zimmer kam, murmelte Alexander mit genervter Stimme: „Hab keine
Zeit! Muss für die Schule arbeiten!" 10

Mutter zog sich seufzend wieder zurück und der
Alex in mir hatte dann ein schlechtes Gewissen. Der
wäre am liebsten aufgesprungen und hätte geholfen – was er manchmal auch tat. Alexander blieb am
Schreibtisch sitzen und stellte die Musik lauter. 15

Herr Schröder verstand. Er blinzelte mich an. „Wie
hast du es geschafft, König zu werden?", fragte ich
ihn.

Herr Schröder schwieg. Er räkelte sich in der Sonne.

Die Meisen, die im Garten um die Bäume schwirr- 20
ten und zwitscherten, hielten respektvollen Abstand.
Immerhin war Herr Schröder ein Kater, ein gefähr-
licher Feind. Dass er träge war, konnten die Meisen ja
nicht riechen.

12

In der ersten Zeit mochte ich mich nicht zu den Gästen an den Frühstückstisch setzen, sondern machte mir nur schnell ein Schulbrot und haute ab.

Am Wochenende setzte ich mich zu meiner Mutter und Bernd in die Küche. Aber ob ich dabeisaß oder nicht – sie sprachen meistens über Anschaffungen oder über Reparaturen und was das alles kostete ... Es ödete mich an, auch wenn Bernd die Dinge nicht so ernst nahm und seine Späßchen dabei machte.

Seit ich klein war, wurde bei uns über Geld gesprochen.

Mein Vater verdiente nicht so viel, wie er eigentlich verdienen wollte, und er sagte immer, dass man kein Geld verschwenden darf.

Frühmorgens fuhr er in seine Bank, spätabends kam er nach Hause. Als ich ihn mal gefragt hab, was er so lange in der Bank tut, sagte er: „Ich verwalte das Geld."

Von morgens bis abends musste er Geld verwalten. Gewaltig viel Geld hat er hier in der Hamburger Bank verwaltet, und jetzt verwaltet er noch mehr Geld in der Bank in Frankfurt. „Ich muss aufpassen, dass es immer mehr wird und auf keinen Fall weniger. Sonst verlier ich meinen Job."

Darum arbeitete er immer so lange. Hat er jedenfalls gesagt.

In Wirklichkeit hat er sich heimlich mit der Frau aus Frankfurt getroffen, in Hotels und so. Und dabei viel Geld verbraten. Das kam später raus. Aber da war es auch schon egal.

Auch unsere Gäste redeten über Geld. Manchmal, wenn der Fernseher nicht lief, erzählten sie sich Geschichten. Was sie erlebt hatten. Geld verloren. Geld ₅ gewonnen.

Ich setzte mich immer häufiger zu ihnen ins Wohnzimmer und hörte zu.

Manche Geschichten gingen in unserer Pension weiter. Oder sie passierten sogar hier, vor meinen ₁₀ Augen!

Ich kam mir vor wie in einer Endlos-Fernsehserie. Viele Folgen sind langweilig, aber dann passiert plötzlich mal was Spannendes.

Immer wieder hatte ich etwas auf dem Schulhof zu ₁₅ erzählen.

Einer unserer Gäste hieß Wittkuhl. Er wohnte drei Wochen bei uns. Wittkuhl arbeitete als Aushilfe in einem Lampengeschäft.

„Wenn Sie welche brauchen, ich kann Ihnen billig ₂₀ Lampen besorgen. Ich bekomme im Laden Prozente."

„Lampen?", fragte Bernd. „Billig?"

Neue Lampen konnten wir gut gebrauchen. Einige Gäste hatten sich schon in den Zimmern besseres Licht gewünscht. ₂₅

Wittkuhl ließ sich zeigen, was ausgetauscht werden sollte. Er war ein junger Mann, kleiner als Bernd, mit munteren, lachenden Augen. Zum Lampengeschäft ging er morgens zu Fuß, es war kein weiter Weg.

Wittkuhl brachte Lampen mit. Jeden Abend eine andere. Bettlampen. Schreibtischleuchten. Deckenstrahler. Er brachte Glühbirnen mit, auch farbige, und noch mehr Lampen.

5   „Was soll das alles nun eigentlich kosten?", fragte Bernd nach vierzehn Tagen und vierzehn Lampen. „Wir haben noch gar nicht über den Preis gesprochen."

Wittkuhl winkte ab: „Das verrechnen wir mit der
10 Zimmermiete. Ich zahl sozusagen mit den Lampen."

„Für wie lange?"

„Sagen wir – für insgesamt drei Wochen. Dann leg ich auch noch 'ne schöne Stehlampe obendrauf, für den Salon."

15   Unser Wohnzimmer hieß bei den Gästen nur ‚Salon'. Bernd rechnete im Kopf und freute sich. Gute Lampen sind teuer.

Eines Abends wollte Bernd den Fernseher im Wohnzimmer reparieren und konnte den kleinen
20 Schraubenzieher nicht finden. „Alex", sagte er, „bitte sei so lieb und lauf eben rüber zu Wittkuhls Laden. So ein kleiner Schraubenzieher ist nicht teuer und wir brauchen ihn jetzt dringend."

Er sah auf die Uhr.

25   „Wenn du dich beeilst, schaffst du es noch vor Ladenschluss. Die Dinger heißen Elektroschraubenzieher."

Als ich zum Geschäft kam, wollte Wittkuhl gerade Feierabend machen. Er trug schon seinen Mantel und
30 humpelte zum Ausgang. Heute Morgen hatte er sich

noch völlig gesund bewegen können, jetzt zog er das linke Bein steif hinter sich her.

„Haben Sie sich verletzt?"

„Kleiner Unfall", sagte Wittkuhl mit verzerrtem Gesicht, „morgen ist es bestimmt besser. Willst du was kaufen?"

„Nur einen kleinen Elektroschraubenzieher. Bernd kann seinen nicht finden."

„Kein Problem." Wittkuhl humpelte zu einem Regal, wobei er mit der linken Hand seinen Po festhielt. Er nahm einen Schraubenzieher und ging mit mir zur Kasse.

„Schönen Feierabend, Frau Lohse", sagte er zu einer Verkäuferin. Er zeigte ihr den Schraubenzieher: „Darf ich den für heute Abend ausleihen? Ich bringe ihn morgen zurück."

Die Verkäuferin strahlte. „Ach, Herr Wittkuhl, Sie sind immer so ehrlich! Die anderen hätten gar nicht erst gefragt, die hätten so einen Schraubenzieher einfach geklaut. Sie nicht! Behalten Sie ihn ruhig!"

Wittkuhl gab ihr zum Abschied die Hand und lächelte sie an.

Draußen humpelte er mühsam neben mir her und hielt sich den Po. Bei jedem Schritt unterdrückte er einen leisen Fluch. Wir bogen in eine Seitenstraße ein.

In der Seitenstraße drückte er sich plötzlich in einen dunklen Hauseingang „Jetzt reicht's!", stöhnte er. Rasch blickte er sich nach allen Richtungen um: Weit und breit kein Mensch. Wittkuhl griff sich mit

beiden Händen an den Nacken und zog hinten aus
dem Ausschnitt seines Pullovers eine Stange hervor,
die gar kein Ende nehmen wollte.

„Puh", sagte er schließlich erleichtert und stellte
die Stange ab. Sie reichte ihm bis an die Schultern und
war am oberen Ende leicht gebogen.

„Die steckte unten in meinem Schuh", erklärte
Wittkuhl, „da tut jeder Schritt höllisch weh."

Er nahm die Stange unter den Arm und ging mit
mir den restlichen Weg nach Hause, ohne zu hum-
peln.

Bei der gebogenen Stange handelte es sich um den
Ständer der versprochenen Stehlampe. Später brachte er den Lampenschirm und den Fuß und baute alles
zusammen.

Nach drei Wochen war Wittkuhl verschwunden,
spurlos, wie er gekommen war. Seine Lampen blieben.
Sie leuchten heute noch.

Ein halbes Jahr später lernte Bernd einen Freund
von Wittkuhl kennen. So erfuhren wir, dass unser
ehemaliger Gast im Gefängnis saß. Er hatte sich bei
einem Diebstahl erwischen lassen.

Bei uns hat er nie was geklaut. Das haben andere
gemacht. Oder es versucht.

13

„Ich zahle mit Scheck", sagte ein Gast, als meine Mutter ihn an seine Miete erinnerte. Er wohnte schon mehrere Tage bei uns.

„Ich schreib den Scheck auf 400 aus. Wenn Sie mir ₅ 150 rausgeben, dann hab ich so gleich ein bisschen Bargeld."

„Hm." Unsicher nahm meine Mutter den Scheck. „Darüber muss ich erst nachdenken."

Sie rief eine Freundin in der Bank an, für die mein ₁₀ Vater früher gearbeitet hatte.

nicht gedeckt sein
es ist nicht genügend Geld auf dem Konto, sodass man den Scheck nicht einlösen kann

Der Scheck war nicht gedeckt.

Mit fester Stimme sagte Mutter zu unserem Gast: „Ich muss leider auf Bargeld bestehen."

Widerwillig zerriss er den Scheck. ₁₅

Am nächsten Nachmittag zahlte er bar und zog aus.

Kaum zehn Minuten später klingelte bei uns das Telefon. Jemand von der Sparkasse in Stade rief an: Der Gast hatte sich das Geld mit einem faulen ₂₀ Scheck besorgt und als Adresse unsere Pension angegeben.

Nichts mehr zu machen, der Mann war weg.

In einer Porzellandose bewahrt meine Mutter immer noch die Schnipsel von dem Scheck auf. ₂₅

Mein Freund Moritz kann von solchen Geschichten gar nicht genug hören. Er hat keine Geschwister und findet es aufregend, was bei uns alles passiert.

Mir ist es manchmal zu viel.

Mal verschwindet eine CD. Mal ein Wecker. Plötzlich ist eine von Wittkuhls Lampen verschwunden, dann wieder nur ein Klebestift.

Und ich muss immer mein Zimmer abschließen.

Manchmal sehne ich mich nach unserem alten Familienleben.

Ich war mal mit meinem Vater in unserem Mercedes unterwegs, einfach so, nur wir beide. Das kam sonst nie vor. Wir fuhren eine Stunde und parkten das Auto an einem Kanal.

Da sind wir spazieren gegangen.

Das Wasser lag ganz still. Zu beiden Seiten Bäume und Spazierwege. Sonst nichts. Der Kanal ist nicht besonders breit.

Wir gingen und gingen am Wasser entlang, wir erzählten uns was und nur ganz selten kam mal ein Schiff. Eins war ein Segelboot, eins war ein langer Lastkahn, der tuckernd an uns vorbeirauschte. Sonst war es vollkommen still. Nur Wasser und grüne Ufer und Bäume und Sonne.

Plötzlich blieb mein Vater stehen. Zeigte auf den Kanal und sagte: „So schön wird eine tote Autobahn später mal nicht aussehen."

„Eine tote Autobahn?"

„Ja. Wenn es keine Autos mehr gibt. Wenn sie sich was Besseres überlegt haben." Mein Vater hockte sich hin aufs Gras.

„Der Kanal war mal ein wichtiger Verkehrsweg. Für Frachtschiffe. Es ging um Waren, die transportiert wurden, es ging um Geld. Ein Lastkahn nach dem nächsten rauschte hier vorbei, stampfende, ratternde Motoren – es war allen egal, ob die Gegend verstänkert wurde oder nicht. Sie würden heute noch genauso fahren, aber inzwischen wird fast alles auf Lastwagen transportiert. Die Lastwagen wurden immer größer, es wurden immer mehr Straßen gebaut, mit dem Laster kommt man überall schnell hin – also wer braucht noch Schiffe? Irgendwann erfinden die Menschen auch eine noch praktischere Transportmöglichkeit als Autos. Wie sie aussehen wird, weiß ich nicht."

Er stand auf. „Aber eins steht fest: Unsere Bank wird daran verdienen. Und dann", lachte er, „liegen überall tote Autobahnen in der Gegend rum."

Ich malte mir im Kopf eine tote Autobahn aus: eine ungeheure, platte Schlange aus brüchigem Asphalt. Verfallene Leitplanken, zerborstene Trümmer einer Betonbrücke.

Sonst kann ich mich nur an wenige Augenblicke erinnern, wo ich mal mit ihm allein da war. Einmal wollte er mich von der Schule abholen, aber wir haben uns verpasst. Er war zur Grundschule gefahren und suchte mich dort. Dabei ging ich damals schon seit fast zwei Jahren auf die Gesamtschule.

Das Bild von der nutzlosen Asphaltschlange ist etwas, das mich an ihn erinnert.

Sven vermisse ich noch mehr als meinen Vater.

Sven ist vier Jahre älter als ich und vier Jahre jün-

ger als die Zwillinge. Trotzdem hieß es früher immer: „Die beiden Großen und die beiden Kleinen". Er hasste das, und er wollte immer bei Christoph und Martin mitspielen. Aber sie haben ihn nur ganz selten mal ge-
5 lassen.

Wenn er mit mir spielen musste, hat er mich oft geärgert. Einmal rollte er mich in einen Teppich ein, da sollte ich das Opfer einer Entführung spielen. In meinem Mund steckte als Knebel ein zerknülltes
10 Tuch, das drum herum mit einem weiteren Tuch festgeknotet war. So ließ Sven mich auf dem Fußboden liegen und ging in sein Zimmer.

In dem stramm gewickelten Teppich konnte ich mich nicht bewegen und ich konnte nicht schreien.
15 Der Knebel würgte im Mund. Ich weiß nicht, wie lange ich da so lag. Es war furchtbar. Ich dachte, ich muss sterben. Erst eine Stunde später befreite Sven mich endlich. Er hatte mich vergessen und am Computer gespielt.
20 „Das kostet dich reichlich!", rief ich. „Wenn du willst, dass ich das nicht petze, krieg ich von dir mindestens einen Zehner!"

„Das ... wollte ich wirklich nicht ... glaub mir, es tut mir leid!" Sven stotterte, er nahm mich in den
25 Arm. Ich spürte, wie er zitterte. „Das ... das hab ich wirklich nicht gewollt ..." Er schmiegte seinen Kopf an meine Schulter und hielt mich umklammert. Ich hätte schwören können, dass er weinte.

Und dann gab er mir keinen Zehner – sondern
30 einen Zwanziger!

Seit diesem Tag weiß ich, wie es sich anfühlt, einen richtigen Bruder zu haben. Die Zwillinge sind auch meine Brüder, klar, aber sie waren immer so alt, dass sie sich nicht mal über mich ärgerten, wenn ich mich wie ein Rumpelstilzchen aufführte.

Sven weiß nicht, dass ich mich manchmal nach ihm sehne.

Wenn er mit unserem Vater nach Hamburg kommt, besucht er oft alte Freunde. Oder er bleibt bei unserer Mutter, während ich mal wieder zum Eisessen fahre oder ins Museum oder auf den Dom.

Eines Tages fahr ich zu ihm nach Frankfurt, das schwör ich! Mama will nicht, dass ich allein mit dem Zug fahre, aber ich werde sie noch rumkriegen!

14

Der Maulwurfmann wohnte drei Monate bei uns. Er heißt ganz anders, und er sieht auch nicht aus wie ein Maulwurf. Mutter und Bernd und ich nennen ihn
5 nur so. Kurz nach seinem Einzug guckte er aus dem Fenster in unseren Garten und sagte: „Einen fleißigen Maulwurf haben Sie da."

„Jaja", sagte meine Mutter, „der macht uns schon lange Kummer."

10 Unser neuer Mieter ging runter in den Garten. Er schlich vorsichtig über den Rasen, lauschte, setzte sich dann vor einen Maulwurfshaufen und wartete.

Er wartete lange. Bernd und Mutter und ich guck-
15 ten aus dem Fenster zu.

Plötzlich stieß der Mann beide Hände tief in die weiche Erde, packte zu – und hielt einen lebendigen Maulwurf in seinen Händen. Wir stiegen schnell durch Svens Fenster die Feuertreppe runter. Weder
20 ich, noch Bernd, noch meine Mutter hatten jemals gesehen, dass jemand mit bloßen Händen einen Maulwurf fangen kann.

Der Maulwurf lag ruhig in seinen Händen. Sein dichtes, samtiges Fell erinnerte mit seinem stumpfen
25 Glanz an einen Zylinder.

„Soll ich ihn ausquartieren? Ich kann ihn in den Stadtpark bringen."

Mutter nickte nur. Sie war sprachlos.

Der Maulwurfmann übersah mich nie. Als wir uns im Flur begegneten, sprach er mich an: „Euch haben sie wohl wieder am Arsch, wie?"

Ich wusste nicht, wovon er redete.

„Die Ferien sind doch vorbei, oder? Jetzt geht's wieder jeden Morgen in die Tretmühle."

Mir fielen fast die Ohren ab.

„Eingebildetes Gesindel" nannte er die Lehrer, „Geschwätz und Gefasel" das, was an den Schulen gelehrt wurde. So hatte ich noch nie einen Erwachsenen reden hören.

„Um die wirklichen Probleme geht's überhaupt nicht! Ihr werdet blind und dumm gehalten!"

Er machte sich über die Lehrer lustig, schimpfte auf die Regierung, auf das Fernsehen und auf die ungerechte Welt. Er selbst, der Maulwurfmann, müsste regieren, sagte er, dann würde es uns allen besser gehen.

An seinem linken Ringfinger fehlte ein Glied. Aus einer vernarbten Knolle wuchs dort ein streichholzdickes Stück Fingernagel. „Ist bei der Arbeit passiert", erzählte er uns eines Abends in der Küche. „Ich bin gelernter Maurer. Jetzt möchte ich Opernsänger werden. Aber denkt ihr, dass der Staat mich bei der Ausbildung unterstützt? Von wegen: Ich muss meine Gesangsstunden aus eigener Tasche bezahlen. Dabei bin ich begabt! Borlach persönlich unterrichtet mich!"

„Borlach?", fragte meine Mutter.

Borlach war ein alter, dicker Opernsänger, der

schon lange nicht mehr auf einer Bühne gestanden
hatte.

Es stellte sich heraus, dass der Maulwurfmann dem
dicken Borlach einen Swimmingpool gebaut hatte.
Ohne Bezahlung: Als Gegenleistung gab ihm der alte
Tenor umsonst Gesangsstunden.

Eines Morgens saß Frau Kerner allein am Frühstückstisch. Der Fernseher lief. Als ich mich zu ihr
setzte, nickte sie mir kurz und unfreundlich zu. Die
Gummihand im Waschbecken hatte sie mir immer
noch nicht verziehen. Und sie hatte immer noch keine
Miete bezahlt. Wieder mal ärgerte ich mich, dass sie
so viel Aufschnitt, Käse, Krabbensalat und Butter auf
ihre Brötchen türmte. Sie aß immer nur die teuersten
Sachen.

Im Frühstücksfernsehen zeigten sie einen schlech-
ten Sänger.

Der Maulwurfmann kam herein. Er war fast nackt,
trug nur eine Boxerhose. Wie ein Bodybuilder, der
sich fotografieren lassen will, baute er sich vorm Frühstückstisch auf. Seine angewinkelten Arme reckte er
zu den Seiten hoch, die Hände hielt er in Brusthöhe
ineinandergehakt. „Wie finden Sie meinen Körper?",
fragte er und drehte sich so, dass Frau Kerner ihn von
allen Seiten betrachten konnte.

Frau Kerner gab keinen Pieps von sich – selbst zum
Kreischen blieb ihr der Ton im Halse stecken.

Der Maulwurfmann sah durchtrainiert aus, aber
bleich. Seine helle Haut war von oben bis unten mit

Sommersprossen besprenkelt und überall wuchsen rötliche, helle Haare. Er hatte ein rundes, blasses Gesicht. „Kein Gramm Fett", sagte er. „Kerngesund! Ich gehe nie zum Arzt."

„Aha", sagte Frau Kerner. Sie blickte mich Hilfe suchend an, aber ich schaute auf meinen Teller.

„Ich werde hundertzwanzig Jahre alt, das weiß ich jetzt schon. Alles eine Frage der richtigen Ernährung. Ich hab auch gutes Blut. Alle Ärzte haben mir immer wieder bestätigt, dass ich gutes Blut habe."

„Alle Ärzte? Ich denke, Sie gehen nie zum Arzt", sagte Frau Kerner.

„Nur zur Vorsorge." Der Maulwurfmann drehte sich zur Tür und ging hinaus. Kurz blieb er noch einmal stehen: „Ich mach jetzt meine hundert Liegestütze. Wollen Sie's sehen?"

„Ich esse gerade", antwortete Frau Kerner.

„Wenn Sie sich schon morgens so viele Kalorien reinstopfen, dann überlebe ich Sie um siebzig Jahre."

„Was erlauben Sie sich!"

„Ich meine es nur gut mit Ihnen. Später werden Sie mal an mich denken. Gucken Sie sich doch an! Ihre Haut wird schon schlaff. Sie brauchen mehr Bewegung an der frischen Luft!"

Der Maulwurfmann sagt immer, was er denkt.

Frau Kerner sprang auf, stürmte zu meiner Mutter in die Küche. „Keinen Tag länger lebe ich Tür an Tür mit diesem Verrückten!"

Sie zog tatsächlich aus. Allerdings erst, nachdem meine Mutter ihr die Miete abgeknöpft hatte.

Ich fand: Wer mit bloßen Fingern einen lebendigen Maulwurf fangen und eine Frau Kerner vertreiben kann, darf ruhig ein bisschen verrückt sein.

„Studieren Sie schon lange Gesang?", fragte meine Mutter ihn eines Abends.

Der Maulwurfmann straffte sich. „Unterricht habe ich seit drei Jahren."

„Ich habe Sie noch nie singen gehört."

„Hm, tja, also, ich bin heute gar nicht so recht bei Stimme ..."

Er schaute meine Mutter an. Er schaute sie oft an. Sein „Hundeblick", wie sie das nannte, tat ihr gut, auch wenn sie den Maulwurfmann nicht ganz ernst nahm.

Jetzt gab er sich einen Ruck. Legte die linke Hand wie eine vergrößerte Muschel ans Ohr, und die rechte streckte er so vor sich hin, als hielte er ein Notenblatt. Sein Mund zog sich lang nach vorn und dann begann er zu singen: „Müü! Müü! Mümümü ...!" Er räusperte sich. „Nur zum Aufwärmen", sagte er.

„Hilft Ihnen diese besondere Handhaltung beim Singen?" Bernd hatte Mühe, ernst zu bleiben.

„Ja. So prallen die Schallwellen von der rechten Hand ab und werden zu meinem linken Ohr gelenkt." Er räusperte sich wieder. „Ich singe nun eine italienische Arie." Dann schmetterte er drauflos.

Ob seine Handhaltung tatsächlich die Qualität des Gesangs verbesserte, war für uns nicht hörbar. Es klang grauenhaft: „Oh fare Pi Es zera fiestate ..." Wir alle mussten uns das Lachen verbeißen.

Am nächsten Tag blätterte Bernd in einem italie-
nischen Wörterbuch. Welche Worte hatte der Maulwurfmann gesungen? Wie wurden sie wohl geschrieben? Wir probierten alle denkbaren Schreibweisen
aus und ermittelten als Text für die italienische Arie: ₅

„Oh, du Eier legender Bahnspezialist!"

15

An einem sonnigen Tag saß der Maulwurfmann als Erster am Frühstückstisch. Meine Mutter wollte ihm Kaffee bringen und stieß einen überraschten Schrei aus. Beinahe fiel ihr die Kaffeekanne aus der Hand. Ich stand hinter ihr und trug den Korb mit den gekochten Eiern.

Die Balkontür stand weit offen und auf dem Tisch wimmelte es von Vögeln. Meisen. Dutzende von Meisen: auf dem Käseteller, auf der Wurst und auf der Butter. Meisen drängelten sich um den Brotkorb, Meisen flatterten um die Deckenlampe, Meisen hockten auf den Stühlen.

Der Maulwurfmann lachte meine Mutter an. „Sehen Sie!", rief er leise. „So zutraulich!" Sein Gesicht strahlte vor Glück und vor Stolz. Zwei Meisen pickten ihm Krümel aus der Hand.

„Das ... geht doch nicht!", brachte meine Mutter hervor. „Gleich kommen die anderen ... und wie soll ich so schnell neuen Aufschnitt und Brötchen ..."

„Das kann man alles noch essen", sagte der Maulwurfmann, „die Meisen sind nicht giftig." Er sah den entsetzten Blick meiner Mutter und fügte schnell hinzu: „Natürlich bezahl ich alles! Das ist es mir wert! So ein Frühstück, wie ich es grad erlebt habe, kann man gar nicht mit Geld bezahlen."

Was ich dann sah, kam mir vor wie ein Film. Ich blieb bewegungslos stehen und traute mich kaum zu atmen.

Der Maulwurfmann zerkrümelte ein Brötchen auf einem Teller, zeigte es den beiden frechsten Meisen und stand auf. Mit dem Teller ging er nach draußen auf den Balkon. Er schüttete die Krümel auf den Boden.

„So, ihr Lieben", sagte er freundlich. „Die Fütterung ist vorbei. Hier draußen gibt's noch einen kleinen Nachschlag."

Zurück im Zimmer ging er halb um den Tisch herum, breitete von hinten seine Arme aus, hob die Arme wie Adlerschwingen, die in Richtung der Meisen wehten, und schon stoben alle Vögel durch die Balkontür davon. Der Maulwurfmann schloss die Tür und setzte sich wieder an den Tisch. Dies alles war unglaublich schnell gegangen. Meine Mutter starrte durch die Glasscheibe auf die Meisenschar draußen und dann starrte sie den Maulwurfmann an. Langsam stellte sie die Kaffeekanne auf dem Tisch ab. Sie beugte sich vorsichtig zur Butter, als könne sie kaum glauben, darin die Abdrücke von vielen Vogelschnäbeln zu sehen.

Der Maulwurfmann arbeitete später in einer Tierhandlung. Er lebt jetzt bei seiner Cousine, obwohl er die nicht mag. Dafür muss er nichts zahlen. Bis heute kommt er pünktlich an jedem Sonnabend um drei zu uns zu Besuch.

„Wir sind wohl seine Ersatzfamilie", sagt meine Mutter.

Der Maulwurfmann macht sich gern nützlich. Papas großes Arbeitszimmer hat er durch eine Trennwand und eine zusätzliche Tür in zwei Gästezimmer verwandelt. Eine Trennwand mittendurch und zum Flur eine zweite Tür. In einer Hälfte wohnt Bernd, die andere vermieten wir. Als Bernd dem Maulwurfmann für seine Arbeit Geld bezahlen wollte, lehnte der es ab: „Ich freu mich doch, wenn ich mal helfen kann." Fast jede Woche gibt es seitdem für ihn etwas in unserer Pension zu tun.

Merkwürdig war die Sache mit den Vögeln. Eines Nachmittags, als das Wohnzimmer leer war, probierte auch ich es. Ich öffnete die Terrassentür und wollte die Meisen mit Brotkrümeln anlocken. Nur eine einzige Meise flog herein. Sie pickte und pickte. ₅

Dann wollte ich es so machen wie der Maulwurfmann: langsam zum Tisch gehen, ein Stück alten Kuchen auf einem Teller zerkrümeln, den Teller auf der Terrasse ausleeren und den Vogel nach draußen befehlen. ₁₀

Aber dazu kam ich nicht. Kaum näherte ich mich dem Tisch, da flatterte die Meise erschreckt hoch. Flog kreuz und quer durchs Zimmer. Bumste gegen die Fensterscheibe. Ich erschrak furchtbar! Wie eine Ewigkeit kam es mir vor, bis die arme Meise endlich ₁₅ den Weg nach draußen gefunden hatte.

Wie hatte der Maulwurfmann das gemacht?

16

„… und als er die Arme ausgebreitet hat – schwupp! –, schwirrten alle Vögel um Frau Kerners Kopf. Er hatte diesen irren Blick, er ging auf Frau Kerner zu, mit ausgestreckten Armen, er scheuchte sie auf den Balkon, Frau Kerner schrie um ihr Leben …"

Um mich herum scharten sich acht oder zehn Zuhörer. Wieder mal genoss ich es, die Geschichten auszuschmücken und in den Pausen im Mittelpunkt zu stehen.

Falko hielt sich abseits. „Das muss ja der reinste Affenstall sein", sagte er und sang gehässig: „Alex wohnt im Affenstall! Alex wohnt im Affenstall …" Aber seine Freunde machten nicht mit.

Falko ärgerte sich, weil sie mir begeistert zuhörten.

„Erzähl doch nochmal die Sache mit den Ledermännern", bat Katja. Ich spulte die Holger-Morch-Geschichte ab.

Holger Morch war ein junger Konzertveranstalter. Eines Nachts war er mit einer unbekannten Punk-Band bei uns aufgetaucht: „Die Schatten". Ihr Sound ist düster und kratzig und böse. Die CD, die sie uns zum Abschied schenkten, höre ich immer in voller Lautstärke – aber nur, wenn Mama nicht da ist, denn für die klingt das nach Baustelle und sonst gar nichts. Die Schatten hatten bei ihrem Konzert in einem Club so wenig Geld verdient, dass sie sich kein Hotel leisten konnten. Ich bekam sie nie zu Gesicht. Als ich mittags aus der Schule kam, waren sie schon wieder verschwunden. Meine Mutter erzählte nur, dass alle in schwarzes Leder gekleidet waren.

Daraus machte ich in meiner Erzählung einen Krimi: Die „Schatten" wurden von der Polizei gesucht, weil sie mehrere Hotelzimmer verwüstet hatten und vor dem Bezahlen geflohen waren. Natürlich tauchte in meiner Story schließlich die Polizei auf und verhaftete Holger Morch vor meinen Augen ...

„Und seitdem schließen unsere Meiers von unten auch tagsüber das Haus ab", schloss ich die Geschichte.

Das taten sie gar nicht. Aber viele aus der Klasse waren schon mal bei mir gewesen, sie hatten Meiers Guckloch in der Tür gesehen, und darum glaubten sie mir die ganze Geschichte.

Ich fühlte mich nicht ganz wohl dabei, aber ich konnte das Flunkern nicht lassen.

Warum erzähle ich die Geschichten nicht einfach so, wie sie passiert sind?

Manchmal denke ich, dass Leute lieber erfundene Geschichten hören. Wie man sie aus dem Fernsehen kennt. Und dann brabbel ich einfach drauflos.

Ich pumpe die Einzelheiten auf, lasse es dröhnen und krachen. Moritz weiß, dass vieles erfunden ist, und kann darüber lachen. Hanno feuert mich sogar an, mehr Blut spritzen zu lassen. Er stellt sich unsere Gäste am liebsten mit rausgerissenen Därmen und Eingeweiden vor.

Ich hab gar keine Lust mehr, mir jeden Tag was Wildes ausdenken zu müssen. Die Geschichten klingen dann alle ähnlich.

Das wirkliche Leben ist viel seltsamer und überraschender.

17

„Alex wohnt im Affenstall!" Falko grinste. Ich ging auf ihn zu. „Danke für den Namen", sagte ich, zückte eine Visitenkarte und gab sie ihm.

„Hä?" Falko starrte verblüfft auf die Visitenkarte.

„Pension AS" stand dort, daneben waren vier Spielkarten-Asse abgebildet und darunter stand unsere Adresse. „AS ist die Abkürzung von Affenstall – danke für den tollen Namen!"

„Pension AS" war tatsächlich ein guter Name. Erstaunlich, wie viele Leute ihn kannten und zu uns kamen. Allerdings waren darunter nicht nur Asse, sondern auch Schwarze Peter. Einer davon hieß Stielke.

Stielke war Kaufmann. Er gehörte zu der Sorte von Gästen, die Kinder übersehen.

„Spätestens nächstes Jahr hab ich meine erste Million", war sein Standardspruch.

Er war in Hamburg, weil er hier billig einen alten russischen Eisenbahnwaggon gekauft hatte. Der Waggon war voll geladen mit altem Werkzeug. Feilen.

Ich dachte, ich hätte nicht richtig gehört, aber Bernd fragte extra nochmal nach: Stielke hatte Feilen gekauft. Altmodische Eisenfeilen.

„Restbestände aus den Ruinen einer alten Werkzeugfabrik", sagte Stielke. „Ich hab da einen Kunden in Saudi-Arabien, der gibt mir das Zehnfache von dem, was ich bezahlt hab ... Ein Schnäppchen, sag ich Ihnen!"

Stielke trug Schlips und Kragen, doch sein Anzug

war dem großen Mann an den Ärmeln zu kurz. Vertraulich beugte der lange Lulatsch sich zu Bernd: „Ich kann noch Geschäftspartner gebrauchen. Wie ist es? Steigen Sie ein? Zehnfacher Gewinn!"

5 „Ein Waggon voller Eisenfeilen? Womöglich verrostet? Wer will so was kaufen?"

„Die da unten haben nichts! Feilen sind begehrt. Mein Partner verkauft sackweise an kleine Händler und Geschäftsleute. Die verhökern sie dann einzeln.

10 Das ist ein Bombengeschäft!"

„Hm", sagte Bernd. „Was kostet denn der Waggon?"

Statt zu antworten, fragte Stielke: „Wie wär's mit zwei- oder dreitausend als Einlage?"

15 „Euro?"

„Kommt gar nicht infrage", unterbrach meine Mutter das Gespräch.

Stielke kaufte den Eisenbahnwaggon allein. Was aus dem Geschäft wurde, erfuhren wir lange nicht.

20 Im Februar tauchte er eines Abends plötzlich wieder auf. Er blieb nur eine Nacht bei uns. Diesmal war er auf der Durchreise von Schweden nach Italien. In Italien wollte er für einen schwedischen Kunden drei teure Sportwagen kaufen.

25 „Zwei Ferraris und einen Lamborghini. Ich hab sie schon gesehen. Traumhaft! Und alle drei zusammen für nur hundertfünfzigtausend!"

„Was ist eigentlich damals aus den Feilen geworden?", fragte Bernd.

„Damit hab ich ja mein Startkapital gemacht!"
Stielke lachte dröhnend. Er war ein sehr lauter
Mensch. „Saudi-Arabien hat zwar nicht gekauft, aber
mit einem anderen Land da unten hat's dann doch
geklappt. Schön dumm, dass Sie damals nicht einge- 5
stiegen sind. Mir hat der Deal achtzigtausend gebracht."

„Und jetzt wollen Sie Sportwagen von Italien nach
Schweden verkaufen?"

Stielke griff in die Innentasche seines Jacketts 10
und zückte zusammengefaltete Papiere. „Ich hab vor-
hin im Hafen die Sache mit dem Schiff klargemacht.
Das ist jetzt alles unter Dach und Fach. Morgen früh
geht's mit dem Flieger nach Neapel. Da steht der Autotransporter. Zwei Ferrari und ein Lamborghini. Ich 15
steig mit ein und wir fahren gemütlich die Strecke bis
Hamburg hoch. Dann geht's hier aufs Schiff und ab
nach Schweden – und ich kassier 'ne halbe Million!"
Er rieb sich die Hände.

„Nicht schlecht", gab Bernd zu. „Brauchen Sie noch 20
Geschäftspartner?"

Stielke lehnte sich zurück und hob bedauernd die
Hände. „Diesen Deal mach ich allein. Das Kapital hab
ich schon. Morgen früh hol ich's von der Bank."

„Hundertfünfzig Tausender?", fragte Bernd. „In 25
einem Koffer?"

Stielke kniff ein Auge zusammen und schaute
Bernd an. „Sie wollen mir wohl in die Karten gucken,
wie? Kommt gar nicht infrage. Vielleicht komm ich
auf meinem Rückweg von Schweden hier nochmal 30

vorbei – aber dann kann ich mir ja das Vier Jahres-
zeiten leisten! Hö hö hö!" Stielke lachte dröhnend und
klatschte Bernd die Hand auf die Schulter.

Eine halbe Million, dachte ich. Was wäre das für
eine tolle Chance gewesen!

Drei Tage später kam Stielke wieder. Er sah aus
wie ein Gespenst. Riesige, weit aufgerissene Augen,
bleiche Haut, Haare zerzaust, Anzug zerknittert. Als
hätte er lange nicht geschlafen.

Was war passiert?

Stück für Stück erfuhren wir die ganze Geschichte.

Stielke, der Obertrottel Stielke, hatte in Italien
zwei Männern den Koffer mit dem Geld gegeben. Der
Laster sollte losfahren, er fuhr aber nicht los. Eine
Reparatur am Getriebe sei schuld, sagte man ihm,
*"... dauert nicht lange, wird heute Abend noch gemacht ...
morgen früh fahren wir los."*

Stielke glaubte den Männern. Er nahm sich ein Hotelzimmer und schlief eine Nacht friedlich in Neapel.
Am nächsten Morgen war der Lastwagen verschwunden. „Ist schon losgefahren nach Deutschland!", hörte
Stielke.

Da erst bekam er Angst.

Er mietete sich ein Auto. Er raste die ganze Strecke nonstop nach Hamburg hoch. Hielt an jeder Rast-
stätte, suchte überall nach dem Autotransporter mit
den drei Sportwagen. Nichts. Der Sattelschlepper war
verschwunden. Stielke wollte den ganzen Hafen nach
ihm absuchen lassen.

„Wenn Sie mir helfen, springt 'ne Menge für Sie raus", sagte er zu Bernd. Seine Hände zitterten. „Ich kenn keinen Menschen in Hamburg. Muss Leute bezahlen! Die für mich im Hafen die Augen offen halten. Das kostet! Leihen Sie mir zweitausend?"

„Und wenn Ihre Sportwagen nicht nach Hamburg kommen?", fragte Bernd.

„Sie müssen hierherkommen!" Stielkes Stimme klang wie ein Krächzen.

Er tat meiner Mutter leid. „Geld haben wir im Augenblick selbst nicht übrig", sagte sie und legte ihm eine Hand auf die Schulter.

Der große, laute Stielke sah aus, als ob er gleich in Tränen ausbrechen würde. Er rief: „Die Hälfte der hundertfünfzigtausend gehörte mir noch gar nicht! Das war ein Vorschuss der schwedischen Kunden ..."

Meine Mutter versuchte, ihn zu beruhigen. „Wenn der Laster eine Nebenstrecke benutzt hat, kann er heute noch nicht hier sein."

„Wirklich nicht? Wie spät ist es jetzt?"

„Im Augenblick ist Zeit zum Essen", sagte meine Mutter und stand auf. „Ich habe Bratkartoffeln gemacht. Möchten Sie mit uns essen?"

„Als unser Gast, selbstverständlich", fügte Bernd hinzu.

Stielke übernachtete auch noch bei uns.

Morgens um zwei schrillte das Telefon im Flur. „Ja? Ja? Hallo?", hörte ich Stielkes Stimme. „Hallo? Wer ist denn da? Ist da jemand?"

Nach einer halben Stunde, als ich gerade wieder

eingeschlafen war, klingelte es an der Wohnungstür. Stielke lief über den Flur und öffnete.

Was da wohl los war?

Ich öffnete meine Zimmertür einen Spalt. Mein
5 Herz klopfte. Ich wartete, bis der oder die Besucher die Treppe heraufgekommen waren. Dann wollte ich über den Flur zur Toilette huschen und mir Stielkes Besuch ansehen.

„Gut, dass Sie kommen!", hörte ich ihn sagen. „End-
10 lich eine Nachricht! Was ist passiert? Wo sind meine Sportwagen?"

Jetzt war der Moment! Bevor sie in Stielkes Zimmer verschwanden!

Ich öffnete die Tür, zog meinen Kopf ein und blin-
15 zelte mit den Augen, als sei ich ganz müde. Dabei ging ich durch den Flur in Richtung Toilette.

Vor Stielke standen zwei Männer. Elegant. Teuer gekleidet. Einer hatte eine Glatze, und einer trug eine Umhängetasche aus schwarzem Leder.

20   „He, wer ist das?", rief der Glatzkopf und zeigte auf mich.

Ich versuchte zu gähnen. „Muss nur aufs Klo", sagte ich so verschlafen wie möglich. Er ließ mich ziehen und ich huschte ins Badezimmer.

25   Alles, was ich danach verstehen konnte, war: „Wir verbitten uns Ihre Belästigungen!"

„Aber ...", stotterte Stielke.

Was der andere Mann sagte, war nicht zu hören.

Ich musste endlich die Spülung ziehen, sonst hätte ich
30 mich verdächtig gemacht. Als ich zu meinem Zimmer

zurückschlurfte, verabschiedeten die Männner sich gerade mit den Worten: „Wir haben uns wohl klar ausgedrückt."

Der Glatzkopf blickte mich an, als wollte er sagen: „Na, das hat aber lange gedauert!" ₅

Da war ich schon in meinem Zimmer und schloss ab.

Stielke reiste noch in derselben Nacht ab. Wir haben ihn nie wiedergesehen.

„Die Männer in Italien waren nicht dumm", sagte ₁₀ der Maulwurfmann. „Sie haben Stielke wirklich etwas verkauft: den Traum vom schnellen Geld. Dafür hat er bezahlt!"

18

Eine Posaune kann dröhnen wie das Tuten eines Ozeandampfers, eine Posaune kann aber auch schrill und durchdringend kreischen. Auf jeden Fall ist eine
5 Posaune laut. Sehr laut. So laut, dass die Luft in der ganzen Wohnung zittert, wenn Annemarie in ihrem Zimmer Posaune übt.

Annemarie heißt eigentlich Frau Olsen. Schon am ersten Abend duzte sie sich mit Mutter und Bernd.
10 Sie spielt Posaune in einem Orchester und muss regelmäßig üben. Meine Mutter verdreht dann immer die Augen und hofft, dass es bald vorbei ist.

Bernd stört die Posaune nicht. Er erlaubt Annemarie sogar, im Wohnzimmer zu üben. „Dort ist der
15 Raumklang besser", sagt er. Dann setzt er sich in einen Sessel und hört zu. Vor allem guckt er zu. Seine Augen sind sehr damit beschäftigt, Annemarie ausgiebig zu betrachten, wenn sie vor ihm sitzt und auf der Posaune bläst. Einmal spielte sie im Morgenrock und hatte
20 nichts drunter angezogen. Da schaute Bernd ganz besonders gerne hin.

Seit sie bei uns wohnte, ging Bernd nur noch selten aus dem Haus. Sie und er begannen, sich gegenseitig in ihren Zimmern zu besuchen.

25 Eines Abends zischte meine Mutter ihm zu: „Pass auf, dass du ihr nichts Teures abkaufen musst. Wie der Malerin damals!"

Bernd lachte. „Was sollte sie mir wohl verkaufen? Einen Notenständer aus Gold?"

Von Weitem gehört, klang die Musik gar nicht schlecht, fand ich. Mal ungestüm und wild, richtig fetzig, dann plötzlich ganz sanft. Klagende, traurige Töne. Länger als fünfzehn Minuten spielte Annemarie nie, wegen der Nachbarn.   5

„Magst du auch mal reinblasen?", fragte sie mich.

„Na ja ..."

Ich versuchte es. Zuerst popperte die Posaune nur wie Bernd, wenn er zu viele Zwiebeln gegessen hat. Dann zeigte Annemarie mir, wie man die Lippen rich-   10 tig hält. Ich blies, plötzlich schleuderte mein Atem einen scheppernden, dröhnenden Klang ins Zimmer. Ich schloss die Augen und blies weiter und es klang gewaltig. Da strömte eine Kraft aus meinem Körper! Es waren die lautesten Töne, die jemals aus mir he-   15 rausgekommen sind. Der Alexander in mir war überwältigt. Ich blies, bis ich keine Luft mehr hatte.

„Donnerwetter! Das klang ja furchterregend!" Bernd lachte, als ich die Posaune absetzte. „Ich hoffe, die Meiers haben keinen Schreck bekommen."   20

„Meinst du, ich soll lieber nicht mehr spielen?" Annemarie nahm mir die Posaune ab und wog sie in der Hand.

„Nein, die Meiers wissen ja Bescheid. Ich hatte ihnen doch letzte Woche diese Nachricht in den Brief-   25 kasten gesteckt ..."

„Die Meiers?", fragte Annemarie. „Die mit dem Türspion?"

„Hast du sie schon kennengelernt?"

„Nein, gesehen habe ich dort noch niemanden.   30

Aber ich weiß, dass mich jedes Mal hinter der Tür ein
Auge beobachtet, wenn ich durchs Treppenhaus gehe.
Ich spüre es einfach." Sie packte die Posaune in den
schwarzen, langen Koffer und klappte ihn zu.

⁵   In mir dröhnte immer noch dieser gewaltige Ton.
Bis dahin hatte ich nie gewusst, was für ein Gefühl
es sein kann, Musik zu machen. Laut sein! Etwas Ver-
rücktes unternehmen! Mal raus aus dem Trott!

　　Oder wenigstens mal Vater und Sven besuchen, fiel
¹⁰ mir ein. Warum eigentlich nicht? Mal gucken, wie sie
leben. Und wie Frankfurt ist.

　　Wieso hatte ich das nicht schon längst versucht?

Mutter hatte immer so traurig ausgesehen, wenn das Wort Frankfurt fiel, und ich wollte sie nicht allein zu Hause sitzen lassen.

Doch seit wir Gäste hatten, war das Problem gelöst.

Aber ... Wollte ich wirklich zu Vater und Sven und zu dieser Frau in Frankfurt? Ich war mir noch nicht sicher. Auf jeden Fall wollte ich mal raus. Etwas anderes erleben. Mal sehen, welche Gelegenheit sich bieten würde.

Seitdem ich in die Posaune geblasen hatte, war etwas in mir passiert. Als hätten die gewaltigen Töne etwas in mir geweckt.

„Was sagtest du? Wann ist deine Tournee vorbei?", fragte Bernd Annemarie.

„Nächsten Freitag. Und danach fahr ich für ein paar Wochen in die Türkei."

Annemarie hat einen VW-Bus mit Campingeinrichtung.

„In die Türkei? Allein?"

„Komm doch mit, wenn du magst. Ein bisschen Urlaub, nur wir beide."

Bernd rieb sich das Kinn. „Ich glaub, ich muss meine Schwester fragen, ob sie mich entbehren kann."

Konnte sie.

Am Wochenende fuhr Bernd tatsächlich mit Annemarie in die Türkei.

Ein Nadelstich pikste in mein Herz.

Die beiden konnten einfach so verreisen – und ich?

19

Sonntags, wenn ich früh aufwache und es in der Wohnung still ist, richte ich mich im Bett auf. Die Decke ziehe ich mir wie eine Kapuze über den Kopf, kauere im Schneidersitz, wickele mich von oben bis unten ein. Nur die Augen bleiben frei, wie ein kleines Fenster.

Ich stell mir dann vor, dass ich ein Gefangener bin. Eingemauert in einem engen Kellerloch. Ein einziges, winziges Fenster geht zur Straße.

Vor meinem Gefängnisfenster hasten Menschen vorbei. Andere gehen langsam. Ich sehe nur ihre Füße und die Beine.

Manche Leute erschrecken, wenn sie nach unten gucken und mich im Kellerloch sitzen sehen, und sie hasten weiter. Manchmal bleibt eine mitleidige Frau oder ein mitleidiger Mann stehen, bückt sich zu mir und gibt mir ein Stück Brot.

Dieses Spiel ist mein Geheimnis. Nicht mal Herrn Schröder erzähle ich davon. Niemand weiß es.

Die anderen denken, ich bin immer lustig und wild.

Dabei ist mir manchmal zum Heulen und ich weiß nicht, warum.

„Alex? Schläfst du noch?" Meine Mutter. Sie war schon lange nicht mehr bei mir im Zimmer gewesen.

Jetzt stand sie vor meinem Bett. Über ihrer Schulter sah ich das große Familienfoto an der Wand hängen. Von Svens Konfirmation damals.

Meine Mutter hatte sich seitdem verändert, fiel mir plötzlich auf.

Nicht nur, dass sie ihre blonden Locken jetzt kurz trägt. Auch ihr Gesicht ist anders. Nicht mehr so knochig und leidend wie früher. Sie sieht frischer aus. Lebendiger. Obwohl sie von morgens bis abends arbeitet.

„Die englische Tänzerin kommt heute schon", sagte sie, „ich hab ihr Zimmer noch gar nicht fertig. Könntest du mir helfen? Bitte?"

Ich kletterte aus dem Bett und zog mich an.

Meine Mutter tut alles, damit sich die Gäste bei uns wohlfühlen. Die meisten sind auch ehrlich begeistert von unserer Pension und schreiben nette Sachen ins Gästebuch. Viele Seiten sind schon voll, auch mit Fotos und Gedichten und Zeichnungen.

Ich fand es allerdings peinlich, wenn Mutter den Gästen das Foto und die Eintragung von Evelyn Grünkern zeigte. Als die damals bei uns übernachtete, war sie eine unbekannte Schauspielerin in einer kleinen Theatertruppe gewesen, und jetzt spielt sie in einer Snowboard-Serie im Fernsehen mit. Meine Mutter sagt: „... auch alle möglichen Prominenten gehen bei uns ein und aus, sehen Sie, hier hat Evelyn Grünkern unterschrieben ..."

Die meisten kennen die Snowboard-Serie gar nicht, haben den Namen Evelyn Grünkern nie gehört, aber sie lächeln höflich.

Am liebsten hätte meine Mutter den Gästen auch Mittagessen gekocht, aber das ging nicht. Es gab eine

Vorschrift von der Behörde: Wir durften nur Frühstück anbieten. Kein Mittagessen und kein Abend-
brot. Das ist so bei Privatpensionen, die keine Extraer-
laubnis haben, ein Restaurant zu führen.

Die englische Tänzerin, für die ich das Zimmer
gesaugt hatte, war lustig. „Kann ich bitte haben ein –
äh – Stoff?" Sie meinte ein Handtuch.

Oder sie fragte: „Würden Sie lieben mich zu be-
sichtigen in Theater?"

Wir bekamen häufig Theaterkarten umsonst, weil
immer mal wieder Schauspieler, Sänger oder Tänzer
bei uns wohnten.

Als die Engländerin Geburtstag hatte, wollte Mutter ihr eine besondere Freude machen. Die Engländerin hatte von einer Spezialität geschwärmt, die „Trifle" hieß und die es in Deutschland nicht gibt. Ein Zwi-
schending aus Kuchen und Pudding. „... und auf dem
Spitze von Trifle, da sind little, bunte Zuckerfiguren",
hatte sie erzählt.

Meine Mutter wollte Trifle backen.

Sie machte sich auf die Suche nach kleinen, far-
bigen Zuckerfiguren. Eigentlich hatte sie dazu keine
Zeit, aber sie wollte der Engländerin die Freude
machen. Wenn schon einen Trifle, dann einen richtigen!

Sie durchstöberte Lebensmittelmärkte, Delikates-
senläden und Süßwarengeschäfte. Als sie nach Hause
kam, brachte sie tatsächlich eine durchsichtige Schachtel mit, voll kleiner, farbiger Figuren aus Zuckerguss.

„Sind das die richtigen?", fragte Mutter voll Stolz.

Die Engländerin nickte nur zerstreut. Sie war beim Packen. Zufällig hatte sie einen Jugendfreund wiedergetroffen: Er hatte sie eingeladen, ihren Geburtstag bei ihm in München zu feiern. Sang- und klanglos reiste sie ab.

Der „Trifle" wurde nie gebacken.

Wochen später stieß ich zufällig auf die durchsichtige Schachtel. Sie lag vergessen in einer Ecke im Küchenregal. Die Zuckerfiguren waren hart und schmeckten scheußlich.

Wütend warf ich die Schachtel in den Müll.

20

Mit Meiers von unten hatten wir früher keine Probleme. Wenn ich mit meinem Vater durchs Treppenhaus ging, grüßte Herr Meier höflich. Wenn er mich
5 allein sah, war ich Luft für ihn. Meiers mochten keine Kinder. Aber sie taten nichts.

Nachdem Vater weg war, fing es an. In Meiers Beet war eine Blume umgeknickt? Bei uns klingelte das Telefon. Vor der Haustür lag eine Bananenschale? Wie-
10 der klingelte das Telefon. Meiers waren giftig geworden. Das fand auch meine Mutter. „Eine sitzen gelassene Frau ist ihnen wohl verdächtig", klagte sie. „Als hätte ich Schuld, dass Papa uns verlassen hat."

Auch unser Gastbetrieb passte Meiers nicht.
15 „Die Pension ist als Gewerbe angemeldet", verteidigte sich meine Mutter. „Es war mit allen Wohnungseigentümern abgesprochen."

„Damals dachten wir, Sie wollten vielleicht ein oder zwei Zimmer vermieten! An ruhige Leute, die
20 uns nicht stören! Aber was wir jetzt hier erdulden müssen ..."

Herr Meier notierte sich die Autonummern von unseren Gästen und zeigte sie an, wenn sie falsch parkten.

An einem Sonntag im Mai saßen meine Mutter und
25 ich unten auf unserem Gartenstück und aßen Kuchen in der Sonne. Ich sah, dass sich hinter Meiers Gardine etwas bewegte.

Herr Meier kam heraus.

„Schöner Tag heute, nicht wahr?", rief meine Mutter ihm zu.

Herr Meier antwortete nur mit einem kurzen Kopfnicken und ging weiter. Plötzlich blieb er stehen. Schaute auf den Rasen. Kam zu uns an den Zaun. 5

„Schicken Sie Ihren dicken Kater jetzt auf unsere Seite, wenn er sein Geschäft machen soll?", fragte er.

Meine Mutter blieb ganz freundlich. „Unser Herr Schröder benutzt nur sein Katzenklo."

„Und was ist das?", rief Herr Meier. Er zeigte auf 10 seinen Rasen.

Meine Mutter und ich standen auf. Ich musste lachen.

„Das ist ein Hundehaufen!", sagte ich. „Und zwar von einem ziemlich großen Hund."

„Nicht von einem dicken Kater?"   15

„Alex hat recht", schaltete meine Mutter sich ein, „Katzenkot sieht ganz anders aus."

„Ich will gar nicht wissen, wie das aussieht, was Ihr Viech fallen lässt! Vor allem will ich's nicht in meinem Garten haben!"   20

Es ist schwer, mit Menschen zu reden, die Hundekacke nicht von Katzenkacke unterscheiden können.

Im Kasten, wo unsere Mülltonnen sind, steht eine Kiste mit Streusand. Für den Winter. Da kann jeder ran.

Alte Plastiktüten findet auch jeder überall.   25

Eines Nachmittags wurde in Meiers offenes Fenster eine Plastiktüte geworfen, prallvoll mit Sand. Die Tüte platzte. Auf dem Wohnzimmerteppich.

Meiers schäumten vor Wut.

Aber beweisen konnten sie mir nichts.   30

21

Wenn der Maulwurfmann uns besucht, klingelt er nicht an der Tür. Bei trockenem Wetter sitzt er am Samstagnachmittag pünktlich um drei unten im Garten und wartet, dass wir ihn hereinbitten. Dann kommt er die Eisentreppe hoch und klettert wie Herr Schröder durch das Fenster.

Ja, durch mein Fenster. Seit der Maulwurfmann nicht mehr bei uns wohnt, bin ich in Svens altes Zimmer gezogen. Keinem Gast wollten wir zumuten, dass ständig ein Kater durchs Zimmer huscht.

Eines Samstagnachmittags – es hatte viel Ärger und Lauferei gegeben, und dann war auch noch die Kaffeemaschine kaputtgegangen – hatte meine Mutter keine Lust auf den Maulwurfmann. Sie wollte einfach nur ihre Ruhe haben. „Mal sehen, was er macht, wenn wir ihn nicht beachten", sagte sie und legte sich für eine Stunde schlafen.

Um halb fünf hockte der Maulwurfmann immer noch auf dem Rasen und spielte mit Herrn Schröder. „Vielleicht kann er die Kaffeemaschine reparieren", seufzte Mutter und bat ihn in die Wohnung.

Mit Kaffeemaschinen kannte er sich jedoch nicht aus. „Schade", sagte der Maulwurfmann, „gerade heute habe ich richtig Kaffeedurst."

„Ich auch." Meine Mutter holte einen alten Kaffeefilter aus Porzellan hervor, oben dick, mit großer Öffnung, unten spitz mit drei kleinen Löchern im Boden. Sie setzte Wasser zum Kochen auf. Den Filter kleidete sie innen mit einer Filtertüte aus, füllte Kaffeepulver rein und stellte ihn auf die Kanne der kaputten Kaffeemaschine. Als das Wasser kochte, goss sie es in den Filter.

Dem Maulwurfmann war es unbehaglich, dass meine Mutter so viel Mühe hatte. Er wollte helfen 5 und die Kanne ins Wohnzimmer tragen.

Der Filter saß nur wackelig auf der Kanne. Er kippte. Die kochend heiße Kaffeebrühe floss über die Hand, der Filter zerbrach auf dem Fußboden.

Zuerst war der Maulwurfmann nur erschrocken. 10 „Oh, das ist mir aber peinlich!", rief er. Auf den Fußbodenfliesen, am Kühlschrank, über den Herd – bis hoch zur Schrankzeile war braune Suppe hingespritzt. „Ich wisch es gleich weg! Keine Sorge!" Er streckte den Arm ins Spülbecken, drehte den Wasserhahn auf und 15 hielt seine Hand unter den kalten Strahl.

„Tut es weh?" Mutters Stimme klang besorgt.

„Nein, noch gar nicht – es ist wohl eher der Schreck." Er ließ das kalte Wasser eine Weile über seine Hand laufen.   20

Am Samstag darauf erschraken wir, als wir die Brandwunde sahen. Es hatten sich Blasen geworfen, die Haut pellte ab, wurde rot und obendrauf klebte getrocknete Brandsalbe wie die knitterige Haut eines Aliens. Es sah grausig aus.   25

Alien
Außerirdischer

„Gehen Sie doch zum Arzt!", bat meine Mutter.

„Nein, nein, das wird schon. Ich spüre, wie es heilt." Der Maulwurfmann machte sich keinen Verband. Er trug die Wunde offen und krempelte den Ärmel hoch, damit nichts auf der wunden Haut scheuerte.   30

Meine Mutter hatte in der Küche zu tun, und Herr Banzer setzte sich neben den Maulwurfmann, als er ins Wohnzimmer kam.

Herr Banzer arbeitet bei einer Versicherung. Er macht eine Fortbildung, damit er noch mehr Versicherungen verkauft.

„Wenn Sie gut versichert wären", sagte er zum Maulwurfmann, „dann könnten Sie jetzt sattes Geld einstreichen."

Der Maulwurfmann zuckte nur mit den Schultern.

„Wie ist der Unfall passiert?", fragte Herr Banzer.

Der Maulwurfmann lachte. „Ich hab mich döselig angestellt und nicht aufgepasst ..." Er erzählte und Herr Banzer hörte immer interessierter zu.

„Mangelnde Sicherheitsvorkehrungen in einer öffentlichen Pension?", rief er schließlich. Er geriet in Fahrt: „Haben Sie eine Rechtsschutzversicherung?"

„Rechtsschutz? Ist das das, wo man umsonst einen Rechtsanwalt kriegt? Ich hab noch nie einen Anwalt gebraucht", sagte der Maulwurfmann.

„Jetzt könnten Sie einen brauchen!" Banzer griff nach seinem Köfferchen, das er immer bei sich trug. „Ein Anwalt würde Ihnen eine wasserdichte Klage servieren! Sie können nur gewinnen." Er streckte den Zeigefinger aus: „Körperverletzung durch Missachtung von Sicherheitsbestimmungen! Da ist dicker Schadenersatz drin!"

Der Maulwurfmann starrte Banzer an. „Sie wollen, dass ich Petra Heimann verklage? Die Ihnen jeden Morgen ein riesiges Frühstück hinstellt? Sie hat es nur

gut gemeint, weil ich sie gedrängt hab. Ich sag doch:
Es war meine eigene Döseligkeit."

Banzer rührte unzufrieden in seinem Kaffee.
„Wenn nun jeder so denken würde ..."

Der Maulwurfmann lachte. „Jeder verbrennt sich ⁵
mal, das ist so. Passiert eben. Das ist 'ne Sache zwischen Gott und mir. Ich halt meine Wunde gegen
einen Baum und die Energie hilft. Gucken Sie! Ohne
Arzt!"

Herr Banzer zog seinen Schlips stramm. „Wissen ₁₀
Sie, was?", sagte er. „Quatschen Sie nicht so viel."

22

Braun gebrannt kam Bernd aus der Türkei zurück. Er schleppte einen großen, zusammengerollten Teppich.

„Ein Schnäppchen!", rief er und strahlte.

5 Meine Mutter weiß, was Teppiche kosten.

„Wie viel hast du dafür bezahlt?"

„Das ist ein echter Kelim!" Bernd rollte ihn im Wohnzimmer aus. Der Teppich war farbig gemustert. Er hatte einen seidigen Glanz. „Noch hab ich nichts 10 bezahlt. Der Händler auf diesem kleinen Basar hat gesagt: kein Problem. Gib mir deine Adresse in Deutschland, ich hole mir irgendwann mein Geld."

Kelim handgeknüpfter Teppich mit typischer Musterung

Meine Mutter riss die Augen auf. „Darauf hat er sich eingelassen? Und wenn du ihm eine falsche 15 Adresse gegeben hättest?"

„Dann wär er seinen Teppich los gewesen. Der Mann hatte einfach Vertrauen zu mir."

Oder er führt etwas im Schilde, dachte ich. Wie die Männer, die nachts zu Stielke gekommen waren.

20 Meine Mutter schien etwas Ähnliches zu denken. „Dann lass uns mal hoffen, dass er sich auch an den niedrigen Preis erinnert."

„Das wird er. Es ist wirklich ein Schnäppchen! Ab und zu müssen wir uns mal was Schönes leisten."

25 „Wo hast du eigentlich Annemarie gelassen?"

„Die kommt heute Abend. Sie besucht noch Freunde." Bernd war noch immer in Gedanken bei seinem Teppich. „Diesen Kelim könnte ich morgen in Hamburg für das Doppelte oder Dreifache verkaufen. Aber ich geb ihn nicht her. Das Geld bekomm ich schon zusammen. Adern will im April nach Deutschland kommen."

„Heißt so der Händler?" Meine Mutter befühlte und betrachtete den Teppich. „Dieses Teil ist wirklich wertvoll."

„Adern wollte nicht mal meinen Ausweis sehen."

Bernd suchte einen Platz im Wohnzimmer aus, wo der Teppich am besten zur Geltung kam. Er strahlte. „Rossi! Tardelli! E Altobelli!" rief er. Es klang wie ein Schlachtruf.

„Wie bitte?", fragte meine Mutter.

„So hießen die drei Torschützen, mit denen Italien 1982 Weltmeister wurde. Ich war doch damals unten am Gardasee. Die Italiener feierten in den Straßen, und sie haben in Sprechchören gerufen: *Rossi! Tardelli! E Altobelli!* Sie haben dazu getanzt – " Er marschierte durchs Zimmer und skandierte dabei: *„Rossi! Tardelli! E Altobelli!"*

skandieren rhythmisch abgehackt in einzelnen Silben sprechen

Mutter schüttelte den Kopf. Sie lächelte.

Bernd nahm sie in den Arm. „Mensch, Mädchen, ich freu mich einfach! Über den tollen Teppich, und dass ich keinen Zoll bezahlen musste und über Annemarie – wir haben einen unglaublichen Urlaub verbracht! Das Leben ist herrlich! *Rossi, Tardelli e Altobelli ...*"

Damals kam es mir übertrieben vor, wie er sich über das Leben freute, sogar ein bisschen albern. Doch wenig später lief auch ich wie ein dusselig strahlender Glückspilz durch die Gegend.

23

Leonard war so alt wie ich. Es war selten, dass Gäste mit Kindern zu uns kamen.

Leonard kam aus Hessen. Seine Schule hatte beweg-
5 liche Ferientage, darum kamen er und seine Mutter mit, als der Vater beruflich in Hamburg zu tun hatte.

Leonard und ich guckten uns an und ich wusste: Der ist in Ordnung.

Leonard hatte eine Videokamera dabei. „Zeigst du
10 mir, wo's was zu filmen gibt?"

Aufs Geratewohl fuhr ich mit ihm zum Dammtorbahnhof. Ich wollte ihm die Ecke Grindelhof und Rothenbaumchaussee zeigen, mit all den kleinen Läden und Hinterhöfen und mit den riesigen Villen aus dem
15 letzten Jahrhundert.

So weit kamen wir nicht. Im Bahnhof zeigte Leonard auf die Bahnhofskneipe.

„Die sieht ja klasse aus!"

Er holte seine Videokamera aus der Tasche.
20 „Findest du die Kneipe besonders?"

Sie sah aus wie viele Kneipen: Hinter einer großen, schmutzigen Glaswand saßen an einem Tresen ein paar Arbeiter, ein paar Reisende mit Koffern, zwei Trunkenbolde und eine grell geschminkte Frau in
25 einem roten Lederkleid.

„Ich hab 'ne Idee", sagte Leonard. „Du gehst jetzt da rein und bestellst einen Whisky, und ich film das!"

„Einen Whisky? Ich bin zwölf! Die Bedienung verliert ihren Job, wenn sie dabei erwischt wird!"

„Darum ist es ja gerade interessant! Ich bin gespannt, was sie sagt und wie sie reagiert."

Ich sah ihn an. Er meinte es ernst. „Gute Idee", gab
ich zu.

Er schaltete seine Kamera ein.   5

Ich öffnete die Tür und ging an den Tresen.

Abends kicherten wir gemeinsam über unseren
Film. Hollywood war dagegen kalter Kaffee!

Ein Trunkenbold lallt: „Was'n jetz los? Seid ihr
vom Fänsehn?"   10

Plötzlich schiebt sich eine Frauenhand vor die Ka-
meralinse. Die Stimme der geschminkten Frau, berli-
nerisch: „Umsonst is nüschtt im Leben, Schätzchen!
Wenn du mir bekieken willst – det kostet!"

nüschtt
nichts
(Berliner
Dialekt)

Kameraschwenk: die Bedienung. Mein Hinterkopf.   15

„Einen Whisky? Hausmarke?"

Die Frau an der Theke holt ein großes Glas und
gießt mit einer Kelle Spülwasser rein.

„Sehr zum Wohle! Kostet nur zwei fuffzig."

Ich hatte gar nicht gewusst, wie das so ist mit   20
einem *richtigen* Freund.

Nachmittags und am Wochenende treffe ich mich
mal mit Moritz, mal mit Hanno, manchmal auch mit
Dennis und Gesa. Wir spielen an der Playstation oder
wir gucken ein paar Filme. Oder wir machen am Com-   25
puter rum oder wir gehen mal ins Kino. Nett. Macht
Spaß. Und ist immer dasselbe.

Mit Leonard war es viel lustiger. Wir malten gemeinsam einen verrückten Comic und wir setzten mit

dem Grafikprogramm am Computer eine riesengroße Echse zusammen: aus Teilen von Kröten, Schlangen und Krokodilen. Wir filmten das Menschengewimmel am Hauptbahnhof, wir stromerten durch Einkaufs-
⁵ zentren und überall gab es was Witziges zu entdecken.

Manchmal saßen wir uns auch einfach nur gegenüber und sagten gar nichts. Ich auf dem Bett, er auf dem Sessel. Und wir blätterten in Heften oder wir
¹⁰ hörten Musik.

„Tschüs", sagte Leonard am Dienstag. Er gab mir die Hand.

Inzwischen sind meine Mutter und ich Weltmeister im Abschiednehmen, aber bei Leonard fiel es mir
¹⁵ schwer.

„Bis bald", sagte ich.

„Bis sehr bald", sagte er.

24

An einem Nachmittag im April öffnete ich die Wohnungstür, und da stand ein älterer Mann. Breiter Schädel, Glatzkopf. Ein dicker Mann, kaum größer als ich. Dunkle Brille. Südländischer Typ.

„Aaaahrrgh!", rief er plötzlich und riss die Arme hoch. Eine harte Hand boxte gegen meine Schulter. Ich taumelte einen Schritt zurück, er folgte mir in die Wohnung. „Kannst rringen? Kannst rringen?" Gerolltes R, fremdländischer Akzent. Ich wusste nicht, was ich tun sollte.

„Adern!", rief Bernd strahlend und ließ sich von dem fremden Mann umarmen. „Ich wusste nicht, wann du kommst, aber dein Geld liegt bereit."

Der türkische Teppichhändler, Adern! „Geld? Später! Erst mal begrüßen!" Adern wollte sich für ein paar Tage bei uns einmieten und in Hamburg Teppiche verkaufen.

Er schaute mich wieder an, kam auf mich zu. Befühlte meine Muskeln: „Rringen? Kannst rringen mit mir?"

Ringen? Mit einem alten, dicken Mann?

Bernd lachte. „Er meint es ernst! Geht doch in den Garten!"

Hm. Na gut. Wenn er unbedingt wollte.

Bernd schaute von der Eisentreppe zu.

Adern tänzelte vor mir auf dem Rasen, leicht vorgebeugt, sodass sein dicker Hals noch kürzer wirkte. Er war flink und hielt die Hände an den abgewinkelten

Armen vorgestreckt. Er lachte weiterhin, aber seine
Augen waren zusammengekniffen und lauerten.

Ich sprang ihn an. Donnerwetter, der Mann war
dick, aber hart! Alles Muskeln. Es gelang mir nicht, ihn
in den Schwitzkasten zu bringen. Schon hatte er mich
gepackt und drehte mir die Arme auf den Rücken.

Ich wurde wütend. Versuchte, mich loszureißen.
Drückte. Zerrte. Stieß und schob. Adern lachte zufrieden. „So ist gut! Zornig werden! Nicht aufgeben! Ringen, kämpfen!" Gutmütig ließ er es zu, dass ich ihn am
Schluss in den Schwitzkasten nahm.

Meine Mutter und Adern mochten sich sofort.
Adern sprach ein Gemisch aus Englisch und Türkisch
und Deutsch, er gestikulierte wild mit den Armen,
und er hatte ein schallendes Lachen. Bis in die Nacht
saßen die Erwachsenen beim Wein.

Als Adern sich nach erfolgreichen Geschäften ver-
abschiedete, klopfte er mir auf die Schulter: „Leben
ist Kampf, aber Kampf ist Spiel. Sei immer ein guter
Kämpfer und ein guter Gastgeber!" Wir sahen uns tief
in die Augen – und dann lachte Adern schallend los
und nahm mich noch einmal fest in die Arme.

„Ich werd's mir merken", sagte ich.

25

Am Freitagnachmittag kam ich spät aus der Schule. In meinem Bett lag ein schnarchender Mann.

Ein Gast, der sich im Zimmer geirrt hatte? Das Fenster stand weit offen, die Gardine wehte im Wind. ₅

Schon wollte ich aus der Tür, da schreckte der Mann plötzlich hoch. Es war Ole. Unser altes Hausschwein!

„Mach die Tür zu!", zischte er und blickte sich rasch im Zimmer um.

Verwirrt tat ich ihm den Gefallen. ₁₀

Er sprang aus dem Bett, lauschte an der Tür, ging ans Fenster, lugte vorsichtig hinaus.

„Was ist los?", fragte ich. „Wieso bist du hier?"

„Pscht!" Er sprang auf mich zu und wollte mir den Mund zuhalten. ₁₅

„Schon gut", flüsterte ich. Mir war unbehaglich.

„Mich darf keiner sehen!", wisperte Ole. „Sie sind hinter mir her."

„Wer?"

Statt einer Antwort fragte er nur: „Kannst du mir ₂₀ was zu essen holen? Aber heimlich!"

Als ich an den Türgriff fasste, schärfte er mir nochmal ein: „Wehe, du verpfeifst mich! Kein Wort!" Er ballte die Faust.

„Wieso verpfeifen?" Ich fand es lustig, ihn zu ₂₅ sehen, und wenn er Hunger hatte, holte ich ihm gern etwas. Es gelang mir, ungesehen ein paar Scheiben Brot und eine Schale Fleischsalat aus der Küche zu stibitzen.

Gierig stürzte Ole sich darauf. Den Fleischsalat aß er mit den Fingern.

„Ich hab einen kaputtgehaun", sagte er nach dem Essen.

„Was??"

„War nicht Absicht. Wenn mir einer dumm kommt, schlag ich zu. Hab ihn wohl ein bisschen schief erwischt."

Mir wurde mulmig. „Und jetzt? Du musst zur Polizei! Wenn es Notwehr war …"

„Quatsch! Der Kerl war von 'ner Bande. Die ham mich jetzt aufm Kieker. Selbst im Knast war ich nicht sicher."

„Du kannst doch nicht hier bleiben!"

„Wo soll ich denn hin?" Sein schmutziges, dummes Gesicht sah so unglücklich aus, dass Ole mir leid tat.

Trotzdem hatte ich Angst. Im Geiste sah ich schon die Schlagzeile der Zeitung: „Zwölfjähriger versteckte gesuchten Mörder …"

„Bitte!", flehte Ole. „Nur für eine Nacht! Ich tu dir nichts. Weißt du noch, wie ich dir geholfen hab …?"

Er schreckte zusammen. Es hatte an der Wohnungstür geklingelt. „Wer kommt da?"

Ole wusste ja nicht, dass wir inzwischen eine Pension hatten. „Ein Gast", erklärte ich ihm.

„Guck nach! Und komm sofort wieder!"

Mit klopfendem Herzen schlüpfte ich aus der Tür. Eine Tänzerin war gekommen, die sich angemeldet hatte.

„Natürlich können Sie für Ihren Auftritt proben",

sagte meine Mutter gerade zu ihr, „solange Sie nicht Posaune spielen ...“

„Nein, ich bin ganz still. Ich arbeite als Lebende Puppe.“

„Das ist ja interessant!“ Meine Mutter bemerkte mich. „Alex, hörst du, diese Dame arbeitet als ...“

„Ich hab Kopfschmerzen“, murmelte ich nur und entwischte in mein Zimmer.

Es wurde ein furchtbarer Abend.

Ole und ich saßen uns gegenüber. Quälend langsam schleppten sich die Stunden dahin. Ole bestand darauf, dass die Tür abgeschlossen blieb. Nicht mal einen guten Film konnte ich gucken: Er wollte unbedingt den Hamburger Lokalsender eingeschaltet haben, um zu erfahren, ob man schon nach ihm suchte.

Von einem Totschlag war jedoch nie die Rede.

„Vielleicht war er nur ohnmächtig“, sagte ich. „Dann hättest du nichts zu befürchten.“

„Nee, nee. Der war hin, das weiß ich. Die Bande ist nicht zur Polizei gegangen, die wollen das alleine regeln.“

In seinem Mantel hatte er eine Flasche Schnaps, die er im Laufe des Abends leer trank.

Zum Schlafen machte ich ihm ein Lager aus Kleidungsstücken auf dem Fußboden. Das Bett wollte ich für mich.

Nachts wurde ich plötzlich wach: Das Licht war an und Ole stand gebeugt vor dem Waschbecken. Er würgte, keuchte und hustete. Sein Magen befreite sich von einer dickflüssigen Suppe. Ole rührte mit dem Finger darin und drückte festere Bröckchen in den Abfluss. Mein Magen drehte sich beinahe um.

„Lieber Gott", betete ich, „bitte, bitte, lass mich heil aus der Sache rauskommen!"

26

Hatte Oles Rückwärts-Mahlzeit die Wasserleitung
verstopft? Oder tickte die Zeitbombe schon seit dem
Tag, als der Experte Zettler damals die Waschbecken
eingebaut hatte?

Am Samstagmorgen, ich wollte gerade aufs Klo,
gellte ein Schrei durch die Wohnung. Meine Mutter stand im Flur vor der Zimmertür von Herrn
Banzer. Herr Banzer war bei seiner Versicherungs-
schule. Unter seiner Tür strömte ein Wasserschwall
hervor. Der Teppich im Flur war nass wie eine Pfüt-
ze.

„Ogottogott!", rief Mutter.

Bernd rannte zum Haupthahn und drehte das Wasser ab.

Aber es strömte weiter aus der Türritze, genauso
kräftig wie vorher. Es strömte und strömte.

„Holt Eimer!", rief Bernd. „Und Töpfe. Alles, was
wir finden können. Alex, du auch! Nun mach schon!"

Er lief mit meiner Mutter in die Küche. In meinem
Kopf drehte sich alles. Ole hatte mir eingeschärft,
Essen zu holen und sofort zu ihm zurückzukommen.
Aber dies war wichtiger. Töpfe? Gefäße? Ach ja: die
großen Blumentöpfe im Wohnzimmer!

Dort jedoch wartete der nächste Schock auf mich:
Mitten im Zimmer stand eine Frauenfigur im Glit-
zerkleid und versperrte mir den Weg. Starr wie eine
verbogene Schaufensterpuppe, die Arme abgespreizt.
Das Gesicht eine Maske, wie eine bemalte Porzellan-

figur. Und doch funkelten mich aus diesem Gesicht lebendige Augen an.

Nach dem ersten Schreck fiel mir ein, dass dies die Tänzerin war, die ihre Rolle als Lebende Puppe übte.

Plötzlich war ich zornig auf sie – wie konnte sie so seelenruhig hier starre Puppe spielen, während in unserer Wohnung die Hölle los war?

Ich schnappte mir den größten Blumentopf, den ich erwischen konnte. Die Gestalt machte eine kurze ruckhafte Drehung wie ein Roboter und blieb wieder regungslos stehen.

Am liebsten hätte ich sie mit dem Blumentopf erschlagen.

Banzers Zimmertür ließ sich nur schwer öffnen. Als Bernd sie aufgedrückt hatte, stürzte uns eine Überschwemmung entgegen. Unsere Füße wurden überspült.

„Nein!", rief meine Mutter.

Auf dem Wasser schwammen zwei Schuhe.

Schon bückten wir uns und fingen an zu schöpfen.

Bernd riss das Fenster auf. Wir schöpften. Wir kippten Wasser aus dem Fenster.

Im Rhythmus des Schöpfens bildeten sich Worte in meinem Kopf: *Ole wartet nebenan. Ole wartet nebenan ...* Verbissen tunkte ich den Blumentopf wieder und wieder ins Wasser. Es schien kaum weniger zu werden. Wir brauchten jede Hand, die wir bekommen konnten.

Ich stürmte in mein Zimmer. „Dies ist ein Notfall!",

rief ich zu Ole. „Wenn wir dir helfen sollen, musst du auch uns helfen."

„Was? Äh …"

„Komm schon!", schrie ich. „Wir brauchen deine Hilfe!"

Überrumpelt kam er tatsächlich mit. Packte einen Kochtopf und schöpfte.

Bernd und Mutter waren so eifrig bei der Arbeit, dass sie Ole erst nach einer Weile bemerkten.

Mama ließ ihren Eimer sinken. „Das ist ja eine Überraschung! Wo kommst du denn her?"

„Durchs Fenster." Ole schaute verlegen auf den Fußboden. „Schöne Schweinerei", murmelte er.

In der Wand unter dem Waschbecken klaffte ein Loch. Ein Stück Putz war herausgebrochen. Dahinter sahen wir das kaputte Wasserrohr. Es hatte einen langen Riss.

„Pfusch!", rief meine Mutter. „Ich hab's ja immer gesagt!"

„Ich ruf Zettler an", sagte Bernd. „Er muss das schleunigst in Ordnung bringen."

„Zettler? Auf keinen Fall!"

„Eine Klempnerfirma wird teuer", sagte Bernd. „Sind wir eigentlich gegen Wasserschaden versichert?"

Meine Mutter musste plötzlich lachen. „Daran hatte ich noch gar nicht gedacht!" Sie wischte sich eine Haarsträhne aus der Stirn. „Grade erst vorgestern hat mir Herr Banzer eine Haftpflichtversicherung verkauft – er sagte, wir brauchen unbedingt eine, in der das Vermietungsrisiko enthalten ist."

„Vermietungsrisiko ?"

„Ja, für alle Schäden, die daraus entstehen, dass wir Mieter haben. Und die Extrawaschbecken gehören ja wohl dazu." Sie stellte die aufgeweichten Schuhe auf die Fensterbank. „Nun wird Herr Banzer von seiner eigenen Versicherung ein neues Paar bezahlt bekommen."

Das Wasser war immer weniger geworden.

„Der Teppichboden muss raus", sagte Bernd. „Sonst sickert noch mehr ins Mauerwerk."

„Kann man alles mit Putz ausgleichen", sagte meine Mutter. Ihre Augen blitzten.

Ole schuftete für drei, als wir die Möbel aus dem Zimmer schleppten und den Teppichboden aufrollten.

Da klingelte es an der Haustür.

Ole verschwand, bevor ich auch nur piep sagen konnte.

Es waren aber nur Meiers. Der Flur war so mit Möbeln vollgestellt, dass man kaum durchkam. „Wir haben feuchte Flecke an der Zimmerdecke und an den Wänden!", rief Herr Meier.

„Ja, und die werden noch größer, wenn wir den nassen Teppichboden nicht schleunigst rausschaffen", sagte Bernd. „Helfen Sie uns?" Um Meiers durch den Flur zu lassen, schob er eine Kommode beiseite.

„Wo ist eigentlich Ole?", fragte Bernd. „Ole!", rief er. „Wir schaffen es nicht allein!"

Ein Poltern, ein Krachen. Im Flur kippte Banzers Kleiderschrank um. Ole hatte sich darin versteckt und

war nicht rausgekommen, weil die Kommode davor-
stand.

„Das ist ja das reinste Irrenhaus!", rief Frau Meier.
„Ich werde dafür sorgen, dass Ihr Laden geschlossen
wird! Zur Polizei geh ich! Das sind ja Zustände! Ein
Wunder, dass noch nicht das ganze Haus explodiert
ist!"

Wir achteten nicht auf sie. Selbst meine Mutter
kümmerte sich nicht darum, was Meiers sagten.

Ole rappelte sich auf und half uns, die lange, schwere Teppichrolle aufs Fensterbrett zu hieven.

„Sie wollen ihn aus dem Fenster werfen?", rief
Herr Meier. „Aber doch nicht in unseren Garten!"

„Es ist ein Notfall. Ihr Rasen wird schon nicht kaputt gehen."

„Zielen Sie möglichst weit nach rechts, in Ihren
Teil!"

„Das ist ein Teppich und kein Speer", ächzte
Bernd.

Mit aller Kraft schafften wir es, die nasse Last über
die Fensterbank nach draußen zu schieben.

In dem Moment sah ich Herrn Schröder unten im
Garten.

„Noch nicht!", schrie ich. Aber die Rolle war schon
zu weit draußen, wir konnten sie nicht mehr festhal-
ten.

„Herr Schröder! Hau ab!", schrie ich.

Batsch! Es spritzte, als die dicke, nasse, schwere
Rolle auf Meiers' Rasenstück klatschte und einen von
Banzers Schuhen unter sich begrub.

Herr Schröder saß in sicherer Entfernung. Er wusste nicht, was er von diesem unbekannten Flugobjekt halten sollte.

Meiers stürmten sofort runter, um nachzusehen, ob ihr Rasen Schaden genommen hatte. 5

Meine Mutter schaute sich erschöpft in dem kahlen, nassen Zimmer um. „Und was, wenn die Versicherung nicht zahlt?"

27

Ich machte Bernd ein Zeichen, mir in den Flur zu folgen. Widerstrebend kam er mit. „Ole braucht Hilfe", flüsterte ich und lotste ihn in mein Zimmer.

Bernd hörte sich die Geschichte an. „Wo ist die Schlägerei passiert?", fragte er. „Wie hieß die Kneipe?"

Ole sagte es.

Bernd ging zum Telefon. „Ihr helft inzwischen deiner Mutter mit den Möbeln", sagte er zu mir.

Nachmittags kam der Maulwurfmann, es war Samstag, und auch er half mit. Es gab jede Menge Arbeit.

Abends saßen wir in großer Runde im Wohnzimmer, mit Bernd, meiner Mutter, dem Maulwurfmann und Ole. Annemarie war auch noch gekommen.

Bernd hatte mehrere Telefongespräche geführt. „Du hast Glück gehabt", sagte er zu Ole. „Der Mann ist nach ein paar Minuten wieder aufgestanden und musste nicht mal ins Krankenhaus."

Ole schaute Bernd unsicher an. „Stimmt das auch?"

„Mein Freund ist ein guter Kumpel, der bescheißt mich nicht."

„Aber ... Die Typen sind bestimmt hinter mir her!"

„Möchtest du für eine Weile aus Hamburg raus?"

Ole nickte.

„Ich kenne ein ruhiges Haus an der Nordsee", sagte Bernd. „Eine Wohngemeinschaft. Da melde ich dich an."

Die Tänzerin kam aus ihrem Zimmer. Sie sah völlig anders aus als heute Morgen. Nichts Starres mehr im Gesicht und in den Bewegungen. Sie war eine muntere, lebendige Frau. „Ich möchte mich für den Trubel heute Morgen bedanken", sagte sie und strahlte.

„Hm", erwiderte Bernd und schaute sie zweifelnd an. Die Tänzerin lachte. „Morgen soll ich den ganzen Tag auf der Messe Lebende Puppe spielen. Ich hatte einen Horror davor! Zwischen wuselnden und hektischen Menschen ... Aber schlimmer als das Chaos heute hier bei Ihnen kann es nicht sein. War ein gutes Training! Jetzt weiß ich, dass ich es morgen schaffe."

„Schön, dass es immerhin zu irgendetwas nutze war", meinte meine Mutter.

„Außerdem", sagte Bernd, „sind wir einen hässlichen Teppichboden los. Wenn die Versicherung zahlt, kaufen wir uns bei Adern was schönes Echtes."

Und mich, dachte ich, hat die Katastrophe von einem beängstigenden Zimmergenossen befreit. Aber das sagte ich lieber nicht laut.

Die Wohnungstür wurde aufgeschlossen. Meine Mutter sprang auf und fing Herrn Banzer ab, der ja noch gar nichts von seinem überschwemmten Zimmer wusste.

„Wie gut, dass Sie mir zur Versicherung geraten hatten!" Meine Mutter strahlte ihn an, als auch er bei uns am Tisch saß.

Herr Banzer machte ein unglückliches Gesicht. „Gerade erst abgeschlossen, und schon ein hoher Schaden – das kann mich meinen Job kosten!"

Der Maulwurfmann bemerkte ruhig: „Ich sag's ja. Immer wenn's drauf ankommt, drücken sich die Versicherungen vorm Zahlen."

Mit diesen Worten rettete er den Fall!

Banzer fühlte sich in seiner Ehre als Versicherungsmann gekränkt. Er setzte sich für uns ein. Dank seiner Hilfe wurde nicht mal untersucht, wie und von wem die alten Rohre verlegt worden waren.

Sogar für Meiers hatte der Rohrbruch eine gute Seite: Unser „Affenstall" wurde für zwei Wochen geschlossen. „Ich denke, wir alle brauchen mal eine Pause", sagte Bernd. „Nach den Osterferien lassen wir dann die neuen Rohre verlegen und machen unsere AS-Pension noch schöner."

„Ich möchte in den Ferien Leonard besuchen", sagte ich. Nicht mal meine Mutter protestierte.

Herr Schröder saß unterm Tisch. Wir blinzelten uns an.

Materialien

Interview mit dem Autor Wolfram Eicke

*Wie kamen Sie auf die
Idee, ein Buch über eine al-
leinerziehende Mutter und
ihren Sohn zu schreiben, die
in ihrer großen Wohnung
eine Pension aufmachen?*
Wie bei jedem Buch, so
sind auch hier mehrere ver-
schiedene Ideen zusammen-
geflossen. Ausgangspunkt war die Frage: Wie nehmen
Kinder eigentlich die Welt der Erwachsenen wahr?
Was bekommen sie vorgelebt und gezeigt? Ich selbst
bin als Junge vielen ungewöhnlichen Menschen be-
gegnet (Maulwurfmann, Teppichhändler, Stehlam-
pendieb, „Hausschwein" – all das habe ich genau so
erlebt) und ich hatte schon lange Lust, mal darüber zu
schreiben. Mir kam jedoch keine schlüssige Idee für
eine Rahmenhandlung.

Dann übernachtete ich zur Frankfurter Buchmes-
se – als alle Hotels ausgebucht waren – für ein paar
Nächte in einer sehr eigenwilligen Privatpension, die
eine ältere Dame in ihrer Altbauwohnung eingerichtet
hatte. Von ihr ließ ich mir Erlebnisse erzählen und aufs
Diktiergerät sprechen (zugelaufener Kater, Behörden-
probleme, betrügerische Gäste usw.). Da arbeitete ich
ein bisschen wie in meinem alten Beruf als Journalist.

Schließlich erzählte meine jüngere Schwester, wie
sie seinerzeit die Auflösung unserer Familie erlebt

hatte, als unser Vater auszog und wir drei älteren Brüder ebenfalls in kurzer Zeit nacheinander das Haus
verließen („auf den leeren Stühlen sah ich euch alle
noch wie Geister sitzen …"). Und plötzlich war der
5 „Affenstall" geboren: eine Privatpension mit all den
schrägen Vögeln meiner Jugend, gesehen aus dem
Blickwinkel eines Kindes.

*Haben Sie beim Schreiben des Buches an eine be-
stimmte Lesergruppe gedacht?*
10   Beim Schreiben habe ich an meinen Sohn Philipp
gedacht, der damals elf Jahre alt war. Da er nur selten
und ungern las, wollte ich ihm ein Buch schreiben,
das aus kurzen, leicht lesbaren Episoden besteht – in
der Hoffnung, dass er sie gerne lesen würde. Das ge-
15 schah dann auch, er las das Buch sogar mehrmals. Ich
war sehr gerührt, als er mir einen Stapel voller Zettel
schenkte: Er hatte die Zeichnungen aus dem Buch ab-
gemalt. (Heute liest er übrigens gerne und viel.)

Wann haben Sie dieses Buch geschrieben und wie
20 *lange haben Sie zum Schreiben gebraucht?*
    Geschrieben habe ich das Buch im Winter 1998. Der
erste Entwurf war in zwei Monaten fertig – damals
noch doppelt so umfangreich. Das Kürzen, Überarbei-
ten und Neuschreiben hat dann nochmals zwei Mo-
25 nate gedauert.

*Wie gehen Sie vor, wenn Sie eine Idee für ein Buch
haben?*

Wenn ich eine Idee für ein Buch habe, überlege ich
mir zunächst: Wer handelt? Ich suche mir die Haupt-
figuren und lerne sie selber erst einmal kennen. Das
geschieht, indem ich ihnen einen ganzen Lebenslauf
schreibe. Zum Beispiel Alex: Was hat er erlebt, wie ₅
fühlt er, was sind seine Eigenschaften usw. Je genauer
ich die Hauptpersonen kenne, desto lebendiger und
glaubwürdiger kann ich sie handeln lassen.

*Sind Sie gerne mit Menschen zusammen, die so un-
terschiedlich sind wie die Personen, die in Ihrem Buch* ₁₀
vorkommen?
Ungewöhnliche Menschen und ihre Schicksale ken-
nenlernen – das ist für mich wie ein Hobby. Ich stau-
ne immer wieder, was Menschen erleben und wie sie
damit umgehen. Einem Stadtstreicher höre ich genau- ₁₅
so gern zu wie einem Richter, einer Krankenschwester
oder einem Zimmermann.

*Seit wann schreiben Sie Bücher und wie sind Sie
Schriftsteller geworden?*
Mein erstes Buch entstand im Jahr 1982, da war ich ₂₀
26 Jahre alt und hatte schon sieben Jahre als Reporter
gearbeitet. Nach dem Abitur hatte ich bei einer Zeitung
in Neumünster eine zweijährige Ausbildung gemacht,
später arbeitete ich fürs Radio in London, Berlin und
Baden-Baden. Dabei hatte ich so viele Dinge beobach- ₂₅
tet und erlebt, dass mir Ideen für Geschichten kamen.
Die schrieb ich „einfach nur so" in meiner Freizeit auf.
Besondere Freude machte es mir, meine Geschichten

und Lieder bei Lesungen vorzutragen – und so habe ich mich entschlossen, Schriftsteller zu werden.

Welche Bücher haben Sie in der letzten Zeit geschrieben?

Ich schreibe nicht nur Geschichten, sondern auch Lieder und Musicals. Vor Kurzem habe ich mit vielen sehr guten Musikern meinen Roman „Das silberne Segel" für eine CD-Produktion vertont. Als Letztes erschien „Der Notenbaum", als CD und als Buch.

Was machen Sie, wenn Sie gerade einmal nicht an einem Buch schreiben?

Wenn ich gerade einmal nicht schreibe, bin ich viel auf Reisen, werde eingeladen von Buchhandlungen, Büchereien und Schulen. Oder ich mache mit Freunden Musik, gehe Wandern, Radfahren, lerne neue Menschen kennen ... Und ich lese gern. In den letzten 40 Jahren hat es keine Woche gegeben, in der ich nicht mindestens ein Buch gelesen habe.

Wo leben Sie heute? Haben Sie eine Familie, mit der Sie zusammenleben?

Unsere Kinder sind inzwischen erwachsen und gehen eigene Wege. Ich lebe mit meiner Frau in Lübeck, in einem alten Haus in der Innenstadt. Zum Schreiben ziehe ich mich gern an die Ostsee zurück, da habe ich eine kleine Wohnung am Strand, direkt am Wasser. Ohne Telefon, ohne Fernseher, ohne Internet. Herrlich! Da kann mich niemand stören.

ARBEITSANREGUNGEN

- Wolfram Eicke beobachtet die Menschen in seiner Umgebung genau. So sammelt er Einfälle für seine Bücher. Wie ist er auf die Ideen zum Buch „Bei uns im Affenstall" gekommen? Suche die entsprechenden Informationen im Interview und schreibe sie heraus.
- Wenn Wolfram Eicke eine Idee zu einem Buch hat, schreibt er nicht einfach drauflos, sondern verfasst für die Figuren zuerst einen Lebenslauf. Suche dir eine Buchfigur aus und schreibe ihre Lebensgeschichte auf, wie dies der Autor zur Vorbereitung von „Bei uns im Affenstall" getan haben könnte.
- In dem Interview erfährst du einiges über die verschiedenen Berufe, in denen Wolfram Eicke im Laufe seines Lebens gearbeitet hat bzw. die er noch heute ausübt. Suche seine Tätigkeiten heraus und notiere sie.
- Möchtest du noch mehr über Wolfram Eicke erfahren? Sammle deine Fragen. Fasst dann in der Klasse alle Fragen und Anregungen zusammen und schickt dem Autor eine Klassen-E-Mail (wolfram. eicke@t-online.de).

REGINA RUSCH
Fernsehbilder

Johannas Eltern sind beide berufstätig und haben
wenig Zeit für ihre Tochter. Eines Tages beobachtet Jo-
hanna in der U-Bahn, wie eine ausländische Frau mit
ihrem Kind von zwei angetrunkenen Neonazis beleidigt
und bedroht wird. Sie nehmen dem Kind die Stoffkat-
ze weg und reißen ihr den Schwanz und den Kopf ab.
Johanna bekommt Angst. Sie kann sich nicht rühren.
Schließlich greifen Erwachsene ein und die Täter flie-
hen an der nächsten Haltestelle.

Ganz mechanisch steigt Johanna an der richtigen
Haltestelle aus. Ganz mechanisch läuft sie die Straße entlang. Sie beginnt zu rennen. Sie hat nur einen
Wunsch: zu Hause, in vertrauter Umgebung sein, alles
erzählen, die Angst herausweinen, jemanden spüren.

Es wird schon dämmrig und die ersten Straßen-
lampen gehen an, als Johanna vor ihrem Haus steht.
Hoffentlich ist Mama da. Oder Papa. Oder beide. Johanna fummelt ihren Schlüssel hervor und drückt
gleichzeitig auf die Klingel. Mach auf, Mama, denkt
sie, mach auf, Papa. Aber Johanna muss die Tür selbst
aufschließen. Nirgends in der Wohnung brennt Licht.
Nirgends ist jemand, der auf Johanna wartet und sie
in die Arme nimmt.

Nur Mamas Stimme ist auf dem Anrufbeantworter
zu hören. „Hallo, Schätzchen", sagt die Automatik-
Mama, „ich hab ein paar Mal versucht, dich anzuru-

fen. Bist wohl zu einer Freundin gegangen? Jedenfalls hab ich gedacht, ich nutze die Gelegenheit und erledige noch rasch etwas. Spätestens zum Abendessen bin ich daheim. Also tschüs, mein Schätzchen, Küsschen, Küsschen." 5

Dann wollten zwei fremde Anrufer mit Mama sprechen und bitten dringend um Rückruf.

Danach bleibt das Gerät stumm. So stumm wie Johanna, die mit leeren Augen auf die kleinen Lämpchen und Tasten starrt. So viele Sätze, die sie sagen möchte, 10 sind in ihr. So viele Tränen, die sie weinen möchte, warten hinter ihren Augen. Johanna wählt die Telefonnummer von Papas Büro, ganz schnell, sie kann sie im Schlaf, obwohl es eine lange Durchwahlnummer ist.

„Meibohm, Apparat Herrmann", meldet sich Papas 15 Sekretärin. Johanna hat schon oft mit Frau Meibohm telefoniert, aber heute ist sie verwirrt. Sie will mit Papa sprechen, mit niemandem sonst. „Hier ist Johanna", sagt Johanna, und ihre Stimme zittert ein wenig, weil sie es kaum schafft, die Tränen zurückzuhalten. 20 „Ach, du bist es", sagt Frau Meibohm freundlich, „dein Vater ist in einer Besprechung." Johanna kann nur noch flüstern: „Es ist aber wichtig."

Sie hört, wie Frau Meibohm etwas in den Raum hineinruft, dann kommt Papa an den Apparat. „Johan- 25 na, was gibt es?", fragt er und seine Ungeduld ist nicht zu überhören. „Ich bin mitten in einem Gespräch." Johanna kriegt kein Wort heraus, nicht so schnell und schon gar nicht, wenn nur wenig Zeit ist. Wo soll sie überhaupt anfangen? 30

„Johanna!", sagt Papa drängend und schon fast vorwurfsvoll. Am liebsten würde Johanna nur „Papa, Papa" rufen und erst mal gar nichts erzählen. Sich nur trösten lassen. Am liebsten würde Johanna Papa bitten, sofort nach Hause zu kommen. Auf der Stelle. „Töchterchen, ich hab jetzt wirklich keine Zeit für dich", sagt Papa in einem Tonfall, der jede weitere Bitte ausschließt. Die Gedanken rasen durch Johannas Kopf und plötzlich hört sie sich sagen: „In der U-Bahn hat ein Mann ein Tier ermordet."

„Wie bitte?", fragt Papa. „Was denn für ein Tier?"

„Eine Katze", flüstert Johanna, „eine kleine Stoffkatze". Einen Moment lang ist es still in der Telefonleitung. Dann räuspert Papa sich und seine Stimme klingt merkwürdigerweise belustigt. „So, eine Stoffkatze wurde also ermordet." Er redet extra laut, so als sollte sein Gesprächspartner im Büro hören, was er sagt. Jetzt lacht er sogar. „Töchterchen", sagt er, „wir klären den Kriminalfall später. Okay? Und grüß die Mama. Tschüs!"

„Okay", wiederholt Johanna tonlos, „okay." Später also wird sie erzählen. Später wird sie sich trösten lassen.

Später wird sie weinen. Später, irgendwann, jetzt nicht. Johanna erzählt jetzt nicht, Johanna wird jetzt nicht getröstet, Johanna weint jetzt nicht.

Sie geht ins dunkle Wohnzimmer und knipst die Stehlampe neben dem Fernsehsessel an. Sie setzt sich steif auf die vorderste Kante des Sofas und greift nach der Fernbedienung des Fernsehers. Beim Fernsehen

lösen sich die eigenen Gedanken auf. Die Bilder im
Fernsehen verscheuchen die eigenen Bilder, auch die
eigenen Gefühle.

Jedenfalls meistens. Jedenfalls eine Zeit lang. Mindestens einen Augenblick lang.   5

Johanna drückt wahllos die Tasten für die verschiedenen Fernsehprogramme. Eine Quizsendung. Werbung. Nachrichten. Ein Zeichentrickfilm. Wieder Werbung. Manchmal springt Johanna gleich zum nächsten
Sender, manchmal wartet sie etwas länger, aber nie   10
lange. Eine Musikshow. Eine Kinderparty. Werbung.
Zurück zum Zeichentrick. Nachrichten. Die Bilder fla-
ckern vor Johannas Augen vorbei. Musikfetzen, zer-
hackte Sprache, zerrissene Geräusche dringen in ihre
Ohren. Johanna drückt die Taste für die Lautstärke.   15
Der Fernseher dröhnt. Gut so. Laut, noch lauter.

Regionalnachrichten, ein Massenunfall auf der
Autobahn. Das Blaulicht der Feuerwehren und das
Martinshorn der Rettungswagen erfüllen das Wohn-
zimmer. Weiterschalten. Wieder Nachrichten. Eine   20
Überschwemmungskatastrophe, tote Tiere treiben im
Wasser.

Die Bilder laufen weiter, saugen sich fest in ihrem
Kopf. Scheußliche Bilder von schrecklichen Ereig-
nissen überall in der Welt. Wie sollen sie alle in Jo-   25
hannas Kopf hineinpassen? Johanna schluchzt auf. In
ihren Augen stehen Tränen. Wieso geschieht so viel
Furchtbares? Wer lässt so viel Böses zu?

Sie schließt die Augen, kneift sie ganz fest zusammen, sodass ihr die Tränen die Wangen herunter-   30

laufen. Johanna schaltet den Fernseher aus, und obwohl sie nichts sieht, trifft sie diesmal den richtigen Knopf.

Als sie die Augen wieder öffnet, sieht sie nur noch sich selbst auf der Mattscheibe. Johanna schlägt die Hände vors Gesicht. Sie hat so große Angst. Aber wenn jemand sie jetzt fragen würde, wovor denn eigentlich, könnte sie keine Antwort geben. Jedenfalls keine genaue. Ihr hat doch niemand was getan, ihr ist doch nichts geschehen, hier ist doch kein Krieg, hier ist doch keine Umweltkatastrophe.

Und doch sitzt die Angst vor all diesen Dingen in ihr, wie ein böses Ungeheuer, das sie quält. So viel Elend und Not, so viele Verbrechen und Unglücke.

Jetzt hält nichts mehr Johannas Tränen zurück. Sie brechen aus ihr heraus, unaufhörlich, hemmungslos. Johanna weint, als ginge es um ihr Leben. Irgendwann läuft sie in ihr Zimmer, vom Weinen geschüttelt, und wirft sich in die Plüscharme von Pinki. „Pinki", ruft Johanna, „Pinki, Pinki." Sonst nichts, nur immer wieder „Pinki", und es klingt, als riefe sie um Hilfe.

Es dauert lange, bis Pinkis Kuschelfell und seine tröstlich dicken Bärenarme Wirkung zeigen. Johanna fällt in einen traumlosen, erschöpften Schlaf. Erst nach ein paar Stunden, als sie Mamas Stimme hört, wird sie wach. Mama knipst die Deckenleuchte an.

„Wieso liegst du hier im Dunkeln?", fragt sie. Johanna ist ganz leer geweint. Ihre Augen brennen. Sie blinzelt ins plötzliche Licht. Mama drückt ihr einen flüchtigen Kuss auf die Stirn, aber sie macht keine Anstalten, irgendetwas zu fragen oder sich erzählen zu lassen.

„Komm gleich rüber ins Wohnzimmer", sagt sie, „wir haben Gäste." Johanna rührt sich nicht, liegt einfach da mit offenen Augen in Pinkis Armen.   ₅

Mama hantiert im Wohnzimmer mit Geschirr, sie lacht und spricht mit fremden Leuten. Nach einer Weile ruft sie: „Johanna! Ich hab Essen vom Chinesen mitgebracht." Langsam richtet Johanna sich auf.

Mama steht in der Tür zu Johannas Zimmer. „Wo ₁₀ bleibst du denn?", fragt sie unwillig.

Mama nimmt Johanna an die Hand und zieht sie mit sich ins Wohnzimmer. Dort warten die Gäste, Geschäftsfreunde von Mama, die sie bei der Einrichtung ihrer kleinen Pension beraten hat.   ₁₅

ARBEITSANREGUNGEN

- Als Johanna allein zu Hause ist, hat sie Angst und versucht, sich abzulenken. Gelingt ihr das? Schreibe in Stichworten auf, was sie tut.
- Stell dir vor, Johanna vertraut sich an diesem Abend ihrem Tagebuch an. Schreibe den Tagebucheintrag für sie. Gehe darin auch darauf ein, was Johanna sich von ihren Eltern wohl wünscht.
- Schreibe an Alex' Stelle einen Trostbrief an Johanna. Er kann darin schildern, wie es ihm bei sich zu Hause geht, und ihr ein paar Tipps geben, was man gegen Angst und Alleinsein tun kann.

KLAUS KORDON
Wenn du ganz allein bist

Wenn du ganz allein bist,
zwingt dich niemand
5 zu irgendwas.
Keiner weiß
immer alles besser.

Wenn du ganz allein bist,
gehört jeder Kühlschrank
10 dir,
jede Blume,
jede Straßenecke,
jeder Eissalon.

Wenn du ganz allein bist,
15 bist du König.
Aber leider
ohne Reich.

ARBEITSANREGUNGEN

– Die letzte Strophe des Gedichts ist anders als die
   beiden ersten. Erkläre, was anders ist.
– Was würdest *du* tun, wenn du allein wärst und dir
   niemand etwas vorschreiben würde? Was würde
   dir dann aber auch fehlen? Mache dir Notizen.
– Schreibe nun ein eigenes Gedicht über dich:
   Wenn ich ganz allein bin ...

GESA WILL

Dann stand er im Flur und ...

Der Vater ist zu einer anderen Frau gezogen und hat die Mutter mit der zwölfjährigen Bille und ihren drei Brüdern – Franz, genannt Bone, Felix und Pussel – zu- 5 *rückgelassen. Seitdem ist sein Arbeitszimmer leer.*

Eines Tages steht ein fremder Mann vor der Türe, er möchte den Vater sprechen. Herr Speckler sieht ungepflegt aus, scheint aber nett zu sein. Beim Verabschieden bittet er Mutter noch um etwas Essen. 10

„Bille", sagte Mutter, „und nun gib diesem Herrn Speckler sein Fresspaket, und dann wollen wir essen."

Ich ging in den Flur, wo Herr Speckler und Felix noch miteinander ihr Schicksal beklagten. Felix ist von uns Kindern am meisten nach Mutter geraten, im Aussehen 15 wie im Wesen. Auch er ist viel zu weich. Er kniete, wie zuvor, zu Füßen unseres merkwürdigen Besuchers und staunte ihn an. Es musste etwas Abenteuerliches sein, was er gerade vernommen hatte. Mund und Augen waren aufgerissen und ich hörte, wie er ausrief: „Ehr- 20 lich wahr? Nein, wie schrecklich!" Ich hatte die Absicht gehabt, Mutter, die so etwas ja doch nicht fertigbrachte, zu helfen und diesem Mann deutlich zu machen, dass er jetzt besser ginge. „Hier ist Ihr Proviant für unterwegs", wollte ich sagen. „Also, auf Wiedersehen." Zu- 25 ckersüß wollte ich es sagen, aber bestimmt. Stattdessen fragte ich: „Was ist schrecklich?" Und diese Frage war, wie sich herausstellte, entscheidend.

Denn jetzt sprang Felix auf die Füße und schrie, außer sich vor Mitleid und Empörung: „Vor dem Bahnhof hat er geschlafen, auf einer Bank vorm Bahnhof! Mama, ist das nicht Wahnsinn? Bei dieser Kälte!" Er
5 stellte sich, wie ein Schutzengel, neben Herrn Speckler und legte die Hand auf dessen Schulter.

„Ein Wunder, dass du noch lebst", sagte er liebevoll mit etwas wackeliger Stimme. Ich wusste, gleich würde er anfangen zu weinen, wenn man nicht so-
10 fort ein lustiges oder handfestes Wort sprach. Und so sagte ich rasch, weil mir nichts Besseres einfiel: „Da würde ich mir für heute Nacht aber ein weicheres Bett suchen."

Es kommt nicht so häufig vor, dass meine Brü-
15 der einer Meinung mit mir sind. Aber mit dieser Bemerkung, auch wenn sie nur so dahingesagt war, hatte ich ins Schwarze getroffen. Bone, den Felix' Geschrei aufgeschreckt und angelockt hatte, nickte beifällig. Felix aber fasste Mutter um die Taille, drückte und
20 schüttelte sie, hüpfte an ihr hoch und rief in heller Aufregung: „Wir haben doch ein Zimmer frei, Mama. Er kann doch hier schlafen. Bitte, bitte sag ja, Mama!" Was nützte es da, dass Bone ihm von hinten einen Stoß in die Rippen versetzte. Nein, das konnte Felix
25 auch nicht mehr stoppen in seinem Helferdrang. Für ihn galt nur: Hier war einer, der kein Dach überm Kopf hatte, draußen fror es Stein und Bein und bei uns gab es ein leeres Zimmer. Was war naheliegender, als Herrn Speckler bei uns aufzunehmen? Und war er
30 vielleicht nicht nett? War er etwa nicht kinderlieb?

Gut, dieser Geruch und seine schmuddelige Kleidung
mochten uns ein wenig stören. Aber einer, der Salomon
zum Schnurren und Pussel nicht nur zum Schweigen,
sondern sogar zum Lachen brachte, der konnte so übel
nicht sein. Ja, dieses letzte Kunststück mit unserem 5
Baby, das sich gewöhnlich nur von Mutter trösten
ließ, hatte auch mich sehr beeindruckt. Der Mann war
vielleicht ganz brauchbar. Womöglich konnte er Mutter ein wenig entlasten. Warum also sollte er nicht bei
uns wohnen? Der Vorschlag von Felix erschien mir gar 10
nicht schlecht. Ich sagte es ja schon: Mein kleiner Bruder ist ziemlich helle und hat den Kopf voll guter Einfälle. „Das machen wir", beschloss ich und öffnete die
Tür von Vaters ehemaligem Arbeitszimmer, um Herrn
Speckler sein Quartier zu zeigen. „Es ist zwar noch 15
ganz leer, aber auf dem Speicher stehen eine Menge
alter Möbel. „Los, Bone", sagte ich, „wir holen schon
mal eine Matratze runter."

„Du spinnst!", sagte Bone aber bloß, wandte sich an
Mutter und fragte: „Findest du nicht auch? Die ha'm 20
doch 'n Sprung in der Schüssel."

Mutter sagte gar nichts. Sagte nicht „nein" und
nicht „ja". Blieb einfach stumm. Und als sie merkte,
dass wir sie alle gespannt ansahen – nur Herr Speckler
nicht, der blickte auf seine Hände, die zwischen sei- 25
nen Knien herabhingen – als Mutter also spürte, dass
eine Entscheidung von ihr erwartet wurde, da drehte
sie sich einfach um und rief, schon auf dem Weg zur
Küche, fröhlich: „Ach, erst einmal essen wir. Kommt,
Kinder."
                                                      30

ARBEITSANREGUNGEN

- Was meint Bille am Anfang des Textes damit, als sie sagt, dass sie Herrn Speckler „zuckersüß" verabschieden wollte?
- Fasse mit eigenen Worten zusammen, warum dann doch alles anders kommt.
- Fertige einen Steckbrief von Herrn Speckler an, der Informationen über sein Aussehen, sein Wesen, sein Leben auf der Straße usw. enthält. Du sollst sie dem Text entnehmen, kannst dir aber darüber hinaus auch etwas ausdenken.
- Schreibe die Geschichte weiter. Sammle zuvor deine Ideen auf einem gesonderten Blatt. Folgende Fragen können dir dabei helfen:
  Was passiert nach dem Mittagessen?
  Bleibt Herr Speckler bei der Familie oder muss er wieder gehen?
  Wie verstehen sich die einzelnen Familienmitglieder künftig mit Herrn Speckler?
- Vergleiche die Situation von Billes Familie mit der von Alex und seiner Mutter zu Beginn des Buches. Finde Gemeinsamkeiten und Unterschiede und schreibe diese stichwortartig auf.

JÜRG SCHUBIGER

Mit den Augen des anderen sehen lernen

Für andere Leute
sind auch wir andere Leute.
Wir haben uns ein Leben angewöhnt,
unser eigenes, das nur uns normal vorkommt.
Bei uns riecht es vermutlich auch irgendwie anders
als anderswo. Es ist schwer, sich das vorzustellen ...
Nach dem Abendessen haben wir darüber geredet, über
das Anderssein. Über die Art, wie Vater kompliziert die Nase
putzt, wie Mutter einen lästigen Gedanken mit der Hand
verscheucht, wie ich rascher zu reden anfange, wenn niemand mir zuhört, wie Anna dreinschaut, wenn sie klebrige
Finger hat. Wir wissen nur sehr wenig über unser eigenes
Leben. Es ist leichter, über den Dampfkochtopf oder
über unsere Nachbarn zu reden als über uns selbst.
Wir können unsere eigene Nase eben nicht riechen, hat Vater gesagt. Wie wir sind, wenn
wir anders sind, müssten andere
eigentlich eher wissen ...

ARBEITSANREGUNGEN

- Schreibe heraus, über welche ihrer Eigenarten die Familienmitglieder nach dem Abendessen reden.
- Lies noch einmal die Überschrift. Wozu fordert das Gedicht auf? Erkläre mit eigenen Worten.
- Warum wurde das Gedicht wohl in dieser Form gedruckt? Unterhaltet euch zu zweit darüber.
- Über welche Wesensarten der Pensionsgäste im Buch „Bei uns im Affenstall" könnten sich andere Menschen wundern? Notiere.

Übernachtung mit Frühstück

Die Idee, Übernachtungen mit Frühstück in Privat-
wohnungen anzubieten, kommt ursprünglich aus dem
englischsprachigen Raum (England, Irland, Austra-
lien). Dort heißt diese Art der Unterkunft „Bed and
Breakfast" (abgekürzt: B&B).

In Deutschland finden wir häufig in der Nähe von
Großstädten ähnliche Angebote. Da in diesen Städten
oft große Veranstaltungen wie Messen, Ausstellungen
oder Musikfestivals stattfinden, reichen die zur Verfügung stehenden Hotelzimmer zu bestimmten Zeiten
nicht für alle Übernachtungsgäste. Privatleute haben
diese Marktlücke für sich entdeckt. Sie stellen Gästen
für einen kurzen Zeitraum einen Teil ihrer Wohnung
zur Verfügung. Auf diese Weise verdienen sie sich
neben ihrem eigentlichen Beruf etwas Geld hinzu.

Wer bietet eine Übernachtung in privaten Räumen
an? Da ist beispielsweise die Hausfrau, die das ehema-
lige Kinderzimmer vermietet, oder der Hausbesitzer,
der die leer stehende Einliegerwohnung für Reisende
freihält. Oder es sind Menschen, die sich mit Gästen
aus aller Welt Gesellschaft und ein wenig Urlaubsstim-
mung ins Haus holen. Der Gast mietet ein Zimmer
und teilt sich oft Bad und Küche mit dem Gastgeber.

B&B ist eine interessante Möglichkeit, mit Menschen, auch aus dem Ausland, in Kontakt zu kommen.
Nicht selten werden die Gäste gebeten, sich beispielsweise am Abend zu der Gastgeberfamilie ins Wohnzimmer zu setzen. Dabei ergeben sich oft interessante

Gespräche und man lernt einander besser kennen. Besonders in den Vorstädten sind solche Begegnungen häufig eine willkommene Abwechslung im Alltag. Aber auch für die Gäste sind diese Abende spannend, da sie auf besondere Art etwas über die Lebensweise ihrer Gastgeberfamilie erfahren.

Frühstück wird je nach Absprache serviert oder vorbereitet. Aber natürlich gibt es auch Zimmer ohne Frühstück, dann kann meist die Küche mitbenutzt werden, um sich selbst ein Frühstück zu bereiten.

In den Zeitungen kannst du folgende Anzeigen finden:

Kl. Zimmer in der Südstadt, Küchen- und Badmitbenutzung, sehr verkehrsgünstig, nur 13 Min. zum Hbf., p. P./Ü. mit Frühstück 34 €, Rabatt bei längeren Aufenthalten

Doppelzimmer mit Bad, Nähe Messegelände, gute U-Bahn-Anbindung, Ü. 30 € p. P., reichhaltiges Frühstück 7 €, Fam.anschluss mögl.

Gemütl. Gästezimmer mit Frühstück
ein kl., gemütl. Privatzimmer mit Frühstück in DG-Whg., angrenzendes Wohnzimmer kann mitbenutzt werden, Tel.anschluss nach Absprache, Internet kostenfrei! (1–6 Gäste) EZ ab 25 €, DZ ab 18 € p. P., 3 Gäste: ab 15 € pro Gast inkl. Frühstück

ARBEITSANREGUNGEN

- „Übernachtungen mit Frühstück" werden überwiegend in der Nähe von größeren Städten angeboten. Warum ist das so? Welche Gründe werden im Text dafür genannt?
- Suche aus dem Text Gründe heraus, warum Menschen Zimmer in ihrer Wohnung an Fremde vermieten.
- Viele Menschen haben Angst, fremden Leuten die Tür zu öffnen. Sie sogar in ihrer Wohnung übernachten zu lassen, ist für sie undenkbar. Wie denkst *du* darüber? Schreibe deine Meinung auf.
- Kleinanzeigen in der Zeitung enthalten viele Abkürzungen, denn der Preis einer Anzeige hängt von der Anzahl der Zeilen ab. Suche aus den drei Anzeigen Abkürzungen heraus und erkläre sie.
- Suche dir eine Anzeige aus und beschreibe das angebotene Zimmer in einem kurzen Text. Du kannst auch zu einem Zimmer in eurer Wohnung eine solche Anzeige verfassen.

TORMOD HAUGEN
Hinter den Türen

Im Treppenhaus leise gehen!

An dem abgeschabten, bräunlichen Fleck auf der vierte Stufe vorbeischleichen und sagen: „Lorum, ₅ lirum, rei, ich bin frei!" Den Atem bis zum ersten Absatz anhalten, dort, wo die Treppe einen Bogen macht. Da hatte der Fleck keine Macht mehr.

Sich ducken vor der gefährlichen Tür mit dem gefährlichen Guckloch. ₁₀

Einem Auge.

Einem großen, strahlenden, starrenden Auge, das niemals blinzelt. Das nur schaut und schaut und schaut. Das alle ansieht, die vorbeigehen.

Hexenauge. ₁₅

Eines Tages wird plötzlich die Tür aufgerissen werden, und dann wird er nicht vorbeikommen. Dann wird eine Stimme rufen: „Lorum, lirum, rei, du bist mein!"

Dann wird die Hexe Frau Andersen nach ihm greifen, ihn hinein in den Flur ziehen und ihn in einen ₂₀ Käfig sperren. In einen engen Käfig. In dem muss er bleiben, bis er ein alter Mann geworden ist mit weißem Haar und weißem Bart, mit einem Stock und mit Ischias, wie Opa.

Das sagt Sara. ₂₅

Rasch weiter die Stufen hinauf, um die Kurve. Bloß kein Geräusch machen. Im zweiten Stock kann er erleichtert ausatmen, sich übers Geländer lehnen und von oben auf die Tür der Hexe Frau Andersen blicken.

Jedes Mal, wenn er hinaufging, musste er von hier aus hinunterschauen. Er konnte es einfach nicht lassen. Manchmal musste er etwas sagen, ja sogar rufen. Einmal hatte er irgendeinen Unsinn so laut geschrien, dass Karlsen aus dem zweiten Stock herausgestürzt kam und glaubte, dass was passiert sei.

Er hatte ganz vergessen, dass andere ihn hören konnten. Vor Karlsen fürchtete er sich. Der hatte so dichte Augenbrauen, die zusammengebürstet waren und wie ein verschlissener Besen aussahen. Und dazu hatte Karlsen eine gefährliche, donnernde Stimme.

Früher hatte er Karlsen für Gott gehalten.

Sara hatte es behauptet, aber Mama meinte, es könne nicht stimmen.

Neben Karlsen wohnten die Unheimlichen. Vor denen hatte er Angst.

Auf dem Schild an der Tür stand „Skogli", aber es wohnte niemand dort. Jedenfalls hatte er noch nie jemanden herauskommen sehen.

Er wusste: Gleich hinter der Tür lauerte etwas mit großen Ohren, riesigen, die an der Tür klebten. Etwas, das er nicht kannte. Etwas Großes, Schwarzes und Gefährliches mit riesigen Flatterohren.

Hinter der Tür war es ganz still, aber er begriff: Da musste etwas sein!

Mama war einmal unten bei Skogli gewesen. Da wurde ihm so bang, dass er aufs Klo musste. Er wollte ihr sagen, wie gefährlich es bei den Unheimlichen wäre, auch wenn die sich Skogli nannten. Aber er brachte kein Wort heraus. Sein Hals war wie zugeschnürt.

Mama kam nach einer Weile zurück und war kein bisschen anders als sonst. Sie hatte sich bei den Unheimlichen ein Buch ausgeliehen, das brachte sie mit. Ein ganz normales Buch ohne Unheimliches.

Wenn er sicher an dem braunen Fleck vorbeikam [5] (das hatte er bisher immer geschafft) und dann an der Tür der Hexe Frau Andersen (auch das war ihm immer gelungen), und wenn er dann nicht von Karlsen aufgehalten wurde, musste er sich ganz dicht vor die Tür der Unheimlichen stellen. [10]

Eigentlich wollte er vorbeilaufen, aber stattdessen ging er jedes Mal langsamer. Obwohl er sich dermaßen fürchtete, dass sein Herzschlag als Echo im Treppenhaus zu hören war, musste er doch dicht an die Tür herangehen und sein Ohr daranhalten. Und [15] dann – noch ehe die Tür aufgehen konnte und die Flatterohren zum Vorschein kamen – lief er ins nächste Stockwerk hinauf, so schnell er konnte. Dort war er sicher, denn dort war seine eigene Wohnungstür.

„Mo", stand auf dem Schild: Tor Erik, Linda und [20] Joachim Mo.

Tor Erik, das war sein Papa, Linda war die Mama, und Joachim war er.

Schon das Schild sehen bedeutete Sicherheit. Da war nichts Gefährliches mehr, auch wenn Sara be- [25] hauptete, dass Gefahren überall lauerten und dass er sich nirgends zu sicher fühlen sollte.

Nebenan wohnten Ruds, die waren reizend. Er war oft bei ihnen drüben, und immer bekam er etwas Gutes angeboten. Sie hatten einen kleinen Jungen, [30] der ein paar Monate alt war. Es machte Spaß, ihm zuzuschauen, wenn er schrie. Dann wurde der Kleine krebsrot im Gesicht und kriegte Falten.

Wer im vierten Stock wohnte, wusste er nicht. Das betraf ihn nicht. Er war noch nie da gewesen und hatte auch nicht die Absicht, da hinzugehen. Obwohl man niemals wusste. Das sagten alle, zumindest Sara und Papa.

Als er die Tür aufschloss, rief er „Papa!", es war so laut, dass es durchs Treppenhaus schallte. Dann machte er, dass er hineinkam, ehe jemand wütend den Kopf zur Tür hinausstecken konnte.

ARBEITSANREGUNGEN

- Zeichne das Wohnhaus. Nummeriere die Stockwerke und schreibe jeweils dazu, wer dort wohnt.
- Beantworte nun folgende Fragen zum Text. Deine Zeichnung hilft dir dabei:
  Wie lautet der Vor- und Nachname des Jungen?
  In welcher Etage wohnt der Junge?
  Vor welchen Bewohnern hat er besonders Angst?
- Vielleicht gibt es auch für *dich* Orte, Menschen oder Situationen, vor denen du dich besonders fürchtest. Schreibe dazu einen kurzen Text.
- Die Meiers schimpfen oft über die Pension. Stell dir vor, Alex und seine Mutter versuchen, bei den Meiers Verständnis dafür zu wecken. Schreibe auf, wie ein solches Gespräch verlaufen könnte.

Textquellen

Seite 120–123: Interview mit dem Autor Wolfram Eicke (Originaltext; Abdruck mit freundlicher Genehmigung von Wolfram Eicke).

Seite 125–130: Regina Rusch: Fernsehbilder. Aus: Regina Rusch: Johanna, wir sind stark. Würzburg: Arena 2001. S. 61 ff. (Text gekürzt)

Seite 131: Klaus Kordon: Wenn du ganz allein bist. Aus: Ich möchte einfach alles sein. Geschichten, Gedichte und Bilder aus der Kindheit; ausgewählt von Uwe-Michael Gutzschhahn. München/Wien: Hanser 1998. S. 179.

Seite 132–134: Gesa Will: Dann stand er im Flur und … Aus: Gesa Will: Dann stand er im Flur und blieb. Weinheim/Basel: Beltz & Gelberg 1992. S. 23 ff.

Seite 136: Jürg Schubiger: Mit den Augen des anderen sehen lernen. Aus: Jürg Schubiger: Mutter, Vater, ich und sie. Weinheim/Basel: Beltz & Gelberg 1997. S. 74.

Seite 137–138: Übernachtung mit Frühstück (Originaltext).

Seite 140–143: Tormod Haugen: Hinter den Türen. Aus Tormod Haugen: Die Nachtvögel. München: dtv junior 1994. S. 5 ff. (Text gekürzt)

Bildquellen

Seite 120: Porträt Wolfram Eicke © Wolfram Eicke.